SIMONE WEIL

« Espaces libres »

SIMONE WEIL

Le grand passage

Sous la direction de François L'Yvonnet

Albin Michel

Albin Michel
▪ *Spiritualités* ▪

Collection « Espaces libres »
dirigée par Jean Mouttapa et Marc de Smedt

Sommaire

Avant-propos, *par François L'Yvonnet* 11

1. La « grande disciple »,
   entretien avec André Comte-Sponville 17

2. La sherpa du Thabor, *par François Angelier* 39

3. Franchir un seuil sans changer de direction,
   par Robert Chenavier 61

4. Le pont, le seuil, la porte, *par Patricia Little* 87

5. Le passage de la personne à l'impersonnel,
   par Monique Broc-Lapeyre 103

6. Ontologie de la médiation,
   par Emmanuel Gabellieri 119

7. Imaginaire et symbolisme, *par Rolf Kühn* 139

8. Simone Weil et Samuel-Hugo Bergman,
   par Dominique Bourel 169

9. Simone Weil et Hannah Arendt,
par Florence de Lussy 175

10. L'essence métaphysique du pouvoir,
par Adriano Marchetti 203

11. De Platon à la IVe République,
par David McLellan 229

12. Le « secret du Roi »,
entretien avec Marie- Madeleine Davy 253

Repères biographiques 267
Bibliographie sélective 273
Présentation des auteurs 277

Abréviations utilisées dans ce volume

AD : *Attente de Dieu.*
PG : *La Pesanteur et la Grâce.*
CS : *La Connaissance surnaturelle.*
C : *Cahiers.*
CO : *La Condition ouvrière.*
E : *L'Enracinement.*
EHP : *Écrits historiques et politiques.*
EL : *Écrits de Londres et dernières lettres.*
IPC : *Intuitions préchrétiennes.*
LR : *Lettre à un religieux.*
OL : *Oppression et liberté.*
P : *Poèmes, suivis de Venise sauvée.*
PSO : *Pensées sans ordre concernant l'amour de Dieu.*
R : *Réflexions sur les causes de la liberté et de l'oppression sociale.*
S : *Sur la science.*
SG : *La Source grecque.*

LP : *Leçons de philosophie (Roanne 1933-1934).*
OC : *Œuvres complètes.*
Œ : *Œuvres* (collection « Quarto », Gallimard).
CSW : *Cahiers Simone Weil.*
SP : Simone Pétrement, *La Vie de Simone Weil* (2 vol.), Fayard.

Avant-propos

par François L'Yvonnet

> *Dies süsse Wörtlein : « und »...*
> (« Le petit mot plein de douceur : "et"... »)
>
> Wagner, *Tristan und Isolde*, II, 2

Ce recueil est placé sous le signe du *passage*, il aurait pu l'être, tout aussi bien, sous celui de l'*analogie*, concept cardinal chez Simone Weil, d'inspiration platonicienne, principe d'une relation entre l'humain et le divin. *Passages* qui sont autant de ponts jetés par une pensée attentive entre les œuvres diverses de l'esprit, de corrélations dont il faut risquer l'aventure, de conciliation des contraires par la considération d'unités d'un niveau supérieur.

Passage, déjà, de la source grecque au christianisme, l'Aigle de Patmos perçait sous Héraclite. Vieille affaire que cette confrontation, au moins depuis saint Paul, mais, chez elle, envisagée et vécue d'une manière originale. Non pour fonder à nouveaux frais les dogmes de l'Église, elle n'est pas un

Père grec, non pour atténuer la puissance subversive de la philosophie, mais pour donner forme à sa propre spiritualité travaillée par l'exigence aiguë que l'abandon à la grâce (l'inspiration surnaturelle) est aussi une conquête de la justice (la « folie de Dieu » est « folie d'amour »). Nulle stratégie dans cette réorientation de la pensée, il s'agit seulement de pouvoir témoigner de l'absolu en un siècle dévoré par la haine.

Passage, encore, de l'urgence prophétique (« J'attends les cosaques et le Saint Esprit », vociférait Léon Bloy au seuil de l'apocalypse) à la patience du concept (le *logos* des philosophes doit éviter toute précipitation).

Passages qui prennent dans la vie de Simone l'allure énigmatique d'une conjonction, le petit mot plein de douceur « et » : philosophe *et* mystique ; ouvrière *et* intellectuelle ; juive *et* antijudaïque ; révoltée *et* non révolutionnaire ; chrétienne *et* hors les murs ; passionnément chrétienne au sens du Christ *et* royalement ignorante de l'Ancien Testament ; adepte de l'universel *et* pourtant très française par la sensibilité et la culture revendiquée ; femme *et* homme, homme *et* femme (Georges Bataille, à court d'arguments, l'imaginera même débauchée) ; empotée jusqu'au burlesque *et* pourtant infiniment vive et agile ; présence du Verbe en Osiris *et* en Krishna ; Rome *et* Jérusalem mis dans le même sac impérial... Un petit mot qui, décidément, peut agacer le jugement, entretenir les malentendus, nourrir à l'envi les sarcasmes et les réquisitoires. Mais l'auberge n'est espagnole qu'en apparence...

Passages, aussi bien d'Athènes à Jérusalem, la jonction des philosophes et des prophètes, que de l'Occident vers l'Orient (la lecture des textes sacrés d'Égypte, d'Inde et de Chine, et la rencontre météorique avec René Daumal). *Passages* que l'articulation, chez elle évidente, de la théorie et de la pratique, de la sagesse et de la science (« La géométrie grecque est une prophétie », dira-t-elle), de l'université et de l'usine... Une *praxis* qu'en bonne platonicienne, elle s'attachera à exhausser. « Les Grecs n'étaient nullement les hommes de la théorie contre la *praxis*, mais bien plutôt ceux pour qui la théorie était la plus haute *praxis* [...]. *Theôrein* dans leur langue, c'était la manière la plus haute d'être au fait, d'avoir pour ainsi dire les yeux fixés sur l'essentiel[1] », ainsi parle Jean Beaufret, son ancien camarade de khâgne et d'École.

C'est la règle implacable de G. K. Chesterton : toute pensée qui ne devient parole est une mauvaise pensée, toute parole qui ne devient acte est une mauvaise parole, tout acte qui ne devient fruit est une mauvaise action.

Passages qu'empruntent et façonnent les *passeurs*, qui sont gens qui passent et qui repassent arpentant le grand corps terraqué, l'œil du cœur, qui double l'œil de la vue (Ibn Arabi), attentivement fixé sur

1. *La Naissance de la philosophie*, conférence prononcée à Montluçon le 20 janvier 1967.

les justes proportions de la beauté naturelle qui « est quelque chose comme un sacrement[1] ». « Rien n'est beau comme la pesanteur dans les plis fugitifs des ondulations de la mer ou les plis presque éternels des montagnes[2] », le beau dont elle dira qu'il enferme, entre autres unités des contraires, celle de l'instantané et de l'éternel. Ce que sont encore les œuvres d'art qui imitent la beauté du monde. La beauté du monde qui en exprime la parfaite réalité. Nous ne sommes pas, ici, à la croisée des inspirations illustrées par *L'École d'Athènes* de Raphaël, comme s'il nous fallait choisir entre la terre et le ciel, entre la damnation et le salut, entre Aristote et Platon. Les racines de la terre sont célestes, le naturel pour qui sait y regarder, et nous savons que l'accoutumance exige conversion, témoigne de l'ordre universel. La terre est l'ombre portée du ciel – rapport rigoureux des choses de la terre aux choses divines, elles sont nombres – ici l'analogie comme descente de Dieu. *Passeur* que cet inlassable guetteur du surnaturel – témoin autant que pèlerin –, dont la pensée en son point d'anéantissement, affranchie de toute intériorité factice, se déploie dans un espace spirituel, immatériel, polycentré, fait de contacts essentiels : contacts qui sont moins une rencontre *avec* la réalité qu'une possession *par* la réalité. *Contact* avec le malheur qui « pulvérise l'âme » (par la « brutalité mécanique des circonstances »), *contact* dans le travail

1. AD, p. 155.
2. *Id.*

physique, qui « constitue un contact spécifique avec la beauté du monde, et même, dans les meilleurs moments, un contact d'une plénitude telle que nul équivalent ne peut s'en trouver ailleurs [...]. Celui qui a les membres rompus par l'effort d'une journée de travail, c'est-à-dire d'une journée où il a été soumis à la matière, porte dans sa chair comme une épine la réalité de l'univers. La difficulté pour lui est de regarder et d'aimer ; s'il y arrive, il aime le réel [1] ».

Le *passeur* est au carrefour de l'humain et du divin. Il doit témoigner publiquement pour que triomphent le vrai et la justice, sans violence, par le jeûne (immodéré) et la prière. « Le duel est implacable entre la violence et la vérité », disait Pascal, le duel est tout aussi implacable entre le compagnonnage exemplaire des témoins de l'hospitalité divine et les rétenteurs intrigants, égotistes et concentriques, tous adorateurs du moi. Pèlerin, il faut à l'esprit cette absolue mobilité qui survole les distances, comme le dit Sophocle de l'amour *hyperpontios* : « Pourquoi circuler ? Pourquoi bouger ? Pourquoi marcher ? – Qu'est-ce qui nous fait passer de l'idée (à laquelle nous adhérons) à une œuvre ? Si une foi n'existe que dans l'œuvre, l'œuvre est essentiellement mouvement et la géographie spirituelle du monde doit être envisagée comme dynamique [2]. »

---

1. *Ibid.*, p. 161.
2. Louis Massignon, *Foi en Jésus-Christ et Monde d'aujourd'hui*, Éd. de Flore, 1949, p. 192.

1

La « grande disciple »

Entretien avec André Comte-Sponville

François L'Yvonnet : *Les références faites à l'œuvre de Simone Weil dans votre* Traité du désespoir et de la béatitude[1] *témoignent-elles de la persistance de certaines de vos lectures de jeunesse, du temps où vous étiez chrétien, par-delà des orientations philosophiques ultérieures, radicalement autres ?*

André Comte-Sponville : Curieusement, pas du tout. Je n'ai lu Simone Weil que plus tard, bien après avoir perdu la foi, et après avoir quitté le Parti communiste, ou dans les années mêmes où je le quittais. Il est d'ailleurs révélateur que si je ne l'ai pas lue plus tôt, c'est essentiellement, me semble-t-il, parce que personne ne m'en avait parlé : dans tous les cours de philosophie que j'ai suivis – mon cursus fut parfaitement classique –, pas une seule fois ne fut prononcé devant moi le nom de Simone Weil !

---

1. Publié en 2 tomes, *Le Mythe d'Icare* et *Vivre*, PUF, coll. « Perspectives critiques », 1984 et 1988.

Je connaissais son existence, certes, mais personne ne m'avait poussé à la lire. Je ne l'ai découverte que plus tard, tout jeune professeur de philosophie, parce que dans la ville où j'enseignais, à Landrecies, petite ville du nord de la France, je me suis lié d'amitié avec un objecteur de conscience qui faisait son service militaire dans les Eaux et Forêts, dans la forêt de Mormal près de Landrecies, qui était lui-même étudiant en philosophie, chrétien et grand admirateur de Simone Weil. Nous avons fait ensemble de longues promenades dans la forêt, et pendant des heures il me parlait d'elle, ce qui a piqué ma curiosité. Je me suis acheté *La Pesanteur et la Grâce*, dans une collection de poche, et dès la première lecture deux choses m'ont d'emblée fasciné chez elle. D'abord une évidente et exceptionnelle qualité spirituelle. Je le percevais, si j'ose dire, à l'oreille, étant sensible chez les auteurs, bien sûr à un contenu de pensée, mais aussi à un ton qui ne ment pas ; le sien est très singulier et on ne peut guère le comparer, en authenticité et en élévation, qu'aux derniers livres de l'*Éthique* de Spinoza. Il y avait donc cette élévation spirituelle, cette sorte de grâce, mais il y avait aussi autre chose encore, qui est qu'elle me semblait penser exactement ce qu'est la religion. J'ai découvert chez Simone Weil – moi qui étais déjà athée et qui commençais, sans avoir encore publié d'ouvrage, à définir une philosophie qui serait la mienne, matérialiste – le contraire exact de tout ce que je croyais vrai, ce qui pour moi faisait toute son importance. On pourrait dire que puisqu'elle pensait tout le contraire de ce que je croyais vrai, elle se trompait sur tout, mais dans ces domaines il ne s'agit pas d'avoir raison ou de se tromper, chacun essaie de penser son chemin. Le chemin de Simone Weil est celui de la religion, en tout symétrique au mien, puisque j'étais sur le point d'élaborer un matérialisme qui se voulait ascendant, qu'illustre le thème du mythe d'Icare, le matérialisme étant une pensée qui part de la terre et qui va jusqu'au ciel, comme le disait Marx dans *L'Idéologie allemande*. Chez elle j'ai trouvé l'idée inverse, que je crois essentielle à la religion, et donc à toute religion, qui est l'idée de la descente. Pour Simone Weil, il n'y a pas de mouvement ascendant, rien en nous ne nous permet de monter, si ce n'est par l'effet second d'un mouvement descendant. Au fond, ce qu'elle appelle la grâce, c'est cela : cette capacité non pas que nous aurions de nous élever, mais qui nous élève, parce que venue d'ailleurs, de plus haut, de Dieu. C'est donc la descente de Dieu vers nous qui permet par la grâce de remonter vers lui.

Ce qui donnera le concept weilien de « décréation » : Dieu qui mendie auprès de nous l'existence qu'il nous a donnée. « Il nous la donne pour nous la mendier », dit-elle...

Exactement. Je trouvais donc, chez Simone Weil, ce concept de grâce ou de descente, « la loi du mouvement descendant, jamais montant », comme elle dit, autrement dit l'inverse exact de ce que je croyais être la pensée du matérialisme, qui serait la loi du mouvement ascendant. Elle m'a profondément éclairé, puisqu'elle m'a permis de penser la religion dans sa profondeur et dans sa rigueur. Comme elle m'a, en chemin, rendu plus intelligible Platon. Ainsi, en m'éclairant sur la religion, m'éclairera-t-elle sur l'irréligion, sur le matérialisme, si bien que, quoique l'ayant lue tard, dès mon premier livre, j'étais à certains égards débiteur de sa pensée.

Dans une lettre d'adieu au poète Joë Bousquet, datée de 1942, Simone Weil dit que « la racine du mal, c'est la rêverie ». Il y a chez elle une critique de l'imagination, qui serait une sorte de mouvement ascendant : « Elle travaille continuellement à boucher toutes les fissures par où passerait la grâce...[1] »

En effet. Ce que j'ai découvert plus tard et par bribes – car c'est un auteur qui me « sature » très vite, au bout de dix pages j'ai mon content de pensée –, c'est que ce que j'ai appelé le désespoir est d'une certaine manière chez elle pensé. Il y a une critique très forte de l'espérance, à la fois parce que toute espérance est illusoire, c'est-à-dire, comme elle le dit je ne sais plus où, que « tant qu'on croit que tout ira mieux, que l'on sera heureux demain, non seulement on se trompe, dit-elle, mais de plus on se ment ». Si chacun refusait de se mentir, si chacun était authentique, il devrait comprendre que la satis-

1. PG, « L'imagination combleuse ».

faction de ses désirs ou de ses espérances, loin de le rendre heureux, le vouerait à une perpétuelle insatisfaction. C'est aussi ce qu'elle appelle la pureté ou la chasteté, puisque le seul désir chaste est un désir qui n'est pas orienté vers l'avenir. Il y a là, incontestablement, une proximité – encore une fois, pour moi, découverte récemment – qui serait une critique radicale de l'espérance. Mais cela est lié à ce qu'il y a de mystique dans sa pensée, car je crois que toute expérience mystique est une expérience du présent ou disons de l'éternité, en tant que c'est le toujours présent et que cette expérience de l'éternité présente inclut toujours une critique de l'espérance.

Au début de la première partie de votre Traité du désespoir et de la béatitude, Le Mythe d'Icare, *vous écrivez : « Simone Weil l'a bien vu, après Descartes, la foi suppose un athéisme préalable qu'elle dépasse, sans quoi elle n'est que superstition ou religiosité. » Y a-t-il un lien ou un passage entre cet athéisme préalable – qu'elle dépassera – et cette mystique matérialiste dont vous développez les motifs ?*

La notion d'athéisme purificateur est un des premiers concepts que j'ai perçus chez elle, avant même de la lire, puisque cet ami qui me l'a fit découvrir me disait que ma position lui semblait être celle que Simone Weil appelait l'athéisme purificateur. C'est vrai que la façon dont je conçois l'athéisme est bien une espèce de purification de toutes les illusions, de toutes les superstitions et de toutes les espérances de la religion. Ce que j'ai découvert après coup – j'en ai témoigné dans une étude sur Alain et Simone Weil, lecteurs de Spinoza[1] –, et je suis prêt, sur ce point du moins, à mettre ma main au feu, c'est que ce qu'elle appelait « athéisme purificateur » est exactement la position d'Alain, qui fut son maître, c'est-à-dire le refus de concéder quoi que ce soit à l'espérance, à la superstition, à ce que vous avez appelé la religiosité, c'est-à-dire la religion en tant qu'elle n'est que l'expression de nos désirs, de notre égoïsme et de nos angoisses. Moi-même étant, par ailleurs, très proche d'Alain, je me suis senti très proche de cet athéisme purificateur. La différence étant, et elle est évidemment d'importance, que pour Simone Weil ce n'est qu'un passage, alors que pour moi, jusqu'à preuve du contraire, c'est un point d'arrivée. Bien sûr Simone Weil peut tout à fait penser que, les voies du Seigneur et de la grâce étant impénétrables, je peux traverser cet athéisme purificateur pour aboutir à autre chose, mais ce que montre l'exemple d'Alain, c'est que ce que Simone Weil pense comme un passage peut être aussi un point d'arrivée. Ce qui m'importe dans ce qu'elle dit sur l'athéisme purificateur, c'est que pour elle l'athée, dans cette circonstance, est plus près de Dieu que la plupart

1. « Le dieu et l'idole (Alain et Simone Weil face à Spinoza) », in *Spinoza au XXe siècle*, sous la dir. d'O. Bloch, PUF, 1993. Le même texte a également été publié dans les CSW XIV, n° 3, 1991.

des croyants. Plus près de Dieu, ce n'est pas ce que je dirais, bien sûr, mais ce que je dirais, en revanche, c'est qu'il y a une exigence spirituelle et peut-être même une expérience spirituelle plus proches d'un certain contenu vrai de la religion, notamment de ce que disent les mystiques et les sages, chacun à leur façon, que ce que l'on nous présente généralement comme religion. Ce qui est présenté généralement comme telle, ce n'est en effet qu'une espérance dogmatique. Or quelles sont nos espérances les plus fortes : ne pas mourir, retrouver les êtres chers que nous avons perdus, être aimé... ? Et que nous dit la religion ordinaire ? Que nous ne mourrons pas ou pas vraiment, ou que nous ressusciterons, que nous retrouverons les êtres chers que nous avons perdus et que nous sommes d'ores et déjà aimés d'un amour infini. Autrement dit la religion satisfait, à mon sens fantasmatiquement, nos espérances les plus fortes, et il y a donc tout lieu de penser qu'elle n'a été inventée que pour satisfaire ces espérances, qu'elle entre ainsi exactement dans la logique de l'illusion telle que Freud l'a définie, à savoir une croyance dérivée des désirs humains. Et ce que Simone Weil appelle « athéisme purificateur », c'est le fait de se libérer de ces désirs humains, de refuser de soumettre sa croyance à ce qu'on désire. Reste le passage ultime, le moment où Simone Weil au creux de cette nuit obscure, de ce que j'appellerais le désespoir, écrit dans une lettre au père Perrin : « Alors le Christ est descendu et m'a prise. » C'est une expérience que je n'ai jamais faite...

Cette expérience du vide, de la nuit, de l'absence, conduira Simone Weil à produire à la fois une critique impitoyable du progrès, idée religieuse de pacotille, selon elle, et à s'ouvrir à d'autres spiritualités qu'occidentales et chrétiennes, en particulier orientales. Ne pensez-vous pas – sachant que votre réflexion philosophique s'est elle-même nourrie de certaines pensées orientales, le bouddhisme notamment – que cette ouverture participe à libérer sa pensée des « pesanteurs » d'un certain dogmatisme théologique, à l'affranchir de l'autorité d'une quelconque Église ?

La pensée de Simone Weil excède en effet la stricte théologie chrétienne. Dans un entretien accordé par son frère André, le mathématicien, à un journaliste de la télévision, il rappelle avoir dit à sa sœur, lors d'une discussion au moment de sa « conversion », qu'au fond ce qu'elle lui disait pourrait l'amener aussi bien au bouddhisme, à l'hindouisme ou à l'islam. Elle en convint. Autrement dit, il y a chez elle une sorte de pensée religieuse qui excède toute religion positive donnée, et je crois que si elle a pensé à ce point l'essence de la religion, c'est parce que justement elle n'était dans aucune, puisque la seule qui aurait pu être la sienne au départ, le judaïsme, fut précisément la seule qu'elle récusa absolument.

Son platonisme, très explicitement professé, n'est-il pas une des clés pour essayer de comprendre ses expériences d'ouverture à d'autres traditions de pensée qu'étroitement occidentales ? La notion platonicienne d'« analogie », par exemple, n'est-elle pas une sorte d'opérateur conceptuel, qui lui permet de concevoir et de réaliser des articulations, des passages, qui pourraient paraître monstrueux du point de vue de la théologie classique et même de la philosophie ?

Je crois qu'elle est en effet, essentiellement, une disciple de Platon. Je l'appelle, dans *Le Mythe d'Icare*, la « grande disciple », et de même que Nietzsche disait que le christianisme c'est le platonisme du pauvre, on pourrait dire que toute religion redécouvre, à sa manière et en son fond, ce qu'il y a de vraiment fort dans le platonisme. À savoir, me semble-t-il, la conjonction du vrai et du bien, de l'être et de la valeur, d'où l'invocation du Bien en soi chez Platon. Or si l'être et la valeur ne font qu'un, comme la valeur, d'évidence, n'est pas ici, puisque le bien n'est pas là, la justice n'est pas de ce monde, etc., l'être n'y est pas non plus ! Si bien que, comme je l'ai écrit, et je ne l'ai sans doute compris qu'avec Simone Weil, la grande pensée de Platon, c'est que l'être est ailleurs, que nous ne sommes pas dans l'être, mais dans l'absence de l'être. Et c'est exactement la manière dont Simone Weil pense la création, comme étant cette exinanition de Dieu se vidant de soi, le monde n'étant que ce qui apparaît dans le vide de Dieu, dans l'absence de Dieu...

Ainsi en va-t-il aussi du sens, dites-vous... Je vous cite : « C'est que le sens, encore une fois, n'est jamais là, jamais présent, jamais donné, si ce n'est dans son absence même. [...] Si le sens n'était absent, il n'y aurait pas de signes – et pas de sens. Le sens, tout est là, doit être absent pour être[1]. »

C'est aussi en ces termes, en effet, que j'ai pensé le statut du sens. Platon, ici, dit l'expérience essentielle à toute religion : l'être est ailleurs parce que la valeur est ailleurs, et parce que la valeur et l'être ne font qu'un. Simone Weil a retrouvé cela dans la *Bhagavad-gîtâ*, et aurait pu le retrouver aussi, bien qu'à ma connaissance elle en ait parlé peu, dans l'islam. En revanche ce qu'elle a trouvé dans le christianisme, et qui lui est peut-être propre, c'est le message d'amour, ce qui fait toute l'importance du Nouveau Testament, importance d'autant plus notable que l'Ancien Testament est plutôt, par elle, sévèrement jugé. Alors qu'il y a chez Simone Weil une sympathie générale pour les religions, pour une espèce de révélation primordiale, presque au sens où un Guénon pourrait en parler, il y a une condamnation, un peu désagréable à entendre, du judaïsme. Son antijudaïsme dans lequel certains veulent voir de l'antisémitisme...

La philosophie grecque, Platon et le platonisme en tout premier lieu, lui permettant, en quelque sorte – et cela peut paraître incompréhensible et irrecevable pour

1. *Traité du désespoir et de la béatitude*, t. II, *Vivre*, p. 181-183.

bien des chrétiens –, de faire l'économie de l'Ancien Testament[1]...

L'Ancien Testament, pour elle, est une théologie de la puissance ; c'est le Dieu jaloux et vengeur. De même que Rome, son autre ennemi avec Jérusalem, témoigne de la puissance impériale. Alors que ce qu'elle découvre dans le Nouveau Testament, c'est au contraire une théologie de la faiblesse, de la faiblesse de Dieu. C'est un thème qu'elle emprunte à Alain, qui, dans la quatrième partie de son livre *Les Dieux*, intitulée « Christophore » – qui entre nous soit dit est à ma connaissance ce que l'on a écrit de plus beau sur Dieu –, développe une théologie de la faiblesse de Dieu, à ceci près qu'il pousse la faiblesse jusqu'à l'extrême, puisqu'il la pousse jusqu'à l'inexistence de Dieu. Au lieu de penser cette faiblesse comme inexistence, Simone Weil la pense comme amour. Dans cette théologie, l'amour est le contraire de la force, la force obéissant au principe bien fameux de Thucydide : « Toujours, partout, tout être tend à affirmer au maximum sa puissance » ; Simone Weil écrira dans *Attente de Dieu* : « C'est toujours vrai, sauf quand il y a amour. » L'amour

1. D'où son intérêt pour le catharisme, dans lequel elle voyait la dernière expression de l'Antiquité préromaine. Son ami et biographe Simone Pétrement, dans son essai *Le Dualisme chez Platon et les manichéens* (PUF, 1947), insistera sur l'idée que le gnosticisme – auquel le catharisme se rattache – a été une tentative de développer la part hellénique du christianisme, en diminuant la part qui conserve le judaïsme.

étant justement le refus d'exercer sa puissance, l'amour étant retrait, l'amour étant distance, et c'est dans ce retrait de Dieu, puisque Dieu est amour, puisqu'il crée par amour et pour l'amour, que le monde apparaît.

Revenons à sa critique du progrès : idée à la fois athée, vous le soulignez, donc pour elle absurde, mais également idée inintelligible parce que forgée sur le modèle du finalisme biologique, d'essence lamarckiste[1] *; et enfin, idée totalement irrationnelle – du moins dans sa mouture matérialiste et marxiste – puisque réclamant pour comprendre, par exemple, que les faibles, tout en restant les plus faibles, seront un jour les plus forts, l'intervention d'un miracle, tout en refusant l'intervention du surnaturel. Que pensez-vous de ces critiques et de son analyse de la pensée marxiste, qui fut jadis vôtre ?*

Lorsque j'ai commencé à lire Simone Weil, au moment où j'étais en train de quitter le Parti communiste, encore très marqué par Marx et par une culture de gauche, qui est d'ailleurs restée la mienne, j'ai trouvé cela terriblement réactionnaire.

1. « Pour pouvoir se réclamer de la science en matière sociale, il faudrait avoir accompli par rapport au marxisme un progrès analogue à celui que Darwin a accompli par rapport à Lamarck. Les causes de l'évolution sociale ne doivent plus être cherchées ailleurs que dans les efforts quotidiens des hommes considérés comme des individus. » (*Oppression et Liberté*, *in* Œ, p. 294).

Et c'est vrai qu'il y a chez elle des thèmes très archaïques, comme l'idée d'un pouvoir spirituel, par exemple. Une phrase à l'époque m'avait choqué – je ne sais d'ailleurs pas précisément d'où elle vient, mais m'en souviens très exactement : « D'où viendra le salut ? Du passé seul si nous l'aimons. » À l'époque, c'était pour moi l'exemple même d'une pensée réactionnaire ; en progressiste conséquent, je pensais que le salut était devant nous, que le salut viendrait de l'avenir... Plus tard, j'y ai trouvé au contraire quelque chose qui n'était pas sans rapport avec ce que j'ai pensé par « désespoir » ou par « critique des utopies », c'est-à-dire que si l'on pensait le progrès sous la domination de l'idée d'avenir, il était prisonnier de l'espérance, donc de l'imaginaire et de l'illusion (c'est bien le rôle de l'idée de communisme chez Marx). Et qu'en revanche, la seule façon de penser le progrès – et je suis encore attaché à cette idée –, ce n'est pas comme quelque chose qui nous rapprocherait d'un avenir, qui n'existant pas ne peut avoir qu'un statut imaginé, mais comme un phénomène à la fois d'accumulation du passé et de fidélité au passé. Je crois qu'il n'y a de progrès, comme l'a montré Hannah Arendt d'un tout autre point de vue, que dans la mesure où l'on conserve le passé : ce qui permet d'avancer, c'est de ne pas annuler tout ce qui a eu lieu. Aujourd'hui, l'idée que le salut puisse venir du passé, c'est-à-dire de la fidélité – que j'oppose souvent à la foi : la fidélité, c'est ce qui reste de la foi quand on l'a perdue –, ne me choque plus. On ne peut effacer d'un trait de plume tout ce qui a eu lieu, tout ce qui nous a faits, ce dont nous sommes le résultat, et en particulier, pour le philosophe que je suis, cette lumière que les Grecs projettent encore sur nous, que le rationalisme classique projette encore sur nous, etc. Il y a, en effet, davantage à recevoir du passé que de l'avenir.

Sommes-nous ici dans l'« enracinement » ?

Peut-être, si l'on purge le mot de ses connotations barressiennes, absentes, il est vrai, de sa pensée. Demeure, toutefois, une divergence de fond entre Simone Weil et moi, c'est la différence entre le matérialisme et la religion. Je ne sais plus si j'oppose très expressément, dans *Le Mythe d'Icare*, les thèses de Simone Weil sur l'impossibilité d'un mouvement ascendant, sur l'idée que le progrès est une idée absurde, que l'idée de sublimation ne pouvait naître que dans la stupidité contemporaine, comme elle dit, avec ce beau texte de Jean-Marie Guyau à propos d'Épicure, où il montre très bien que l'idée de la religion est une idée qui, mettant tout l'être et toute la valeur au commencement, ne peut plus penser après qu'une dégradation, qu'une descente, alors qu'au contraire le matérialisme suppose, puisque ne se donnant au départ qu'une matière sans vie et sans pensée, qu'il ne peut y avoir après que progrès. Et ce que je crois, en effet, de l'univers, de la vie et de la pensée, c'est qu'il y a plus après qu'avant. Qu'avant, il n'y a qu'une matière inorganique et que la vie apparaît comme un résultat de cette matière inorganique – Simone Weil peut trouver cela absurde, mais le fait est là ; la complexification croissante de cette matière inorganique, puis, secondement, organique, produira la pensée dans le cerveau des mammifères supérieurs et plus particulièrement dans le cerveau humain. Si bien qu'il me semble que les sciences de la nature et de la vie permettent de penser, et cela sans miracle, quelque chose comme un progrès objectif. De ce point de vue, Darwin et les sciences de la vie, la neurobiologie actuelle, etc., nous suggèrent bien une alternative à la religion. Je suis bien sûr du côté de cette ascension matérialiste, de cette matière qui produit plus qu'elle ne contient d'abord, et pas du côté de la descente, de la création et de la décréation weilienne...

Le progrès n'est-il pas toujours pensé, Simone Weil y insiste souvent, tantôt sur le modèle d'un accroissement « mécanique » ou d'un mouvement perpétuel, tantôt sur le modèle lamarckien, avec une téléologie, avec l'idée d'une évolution finalisée (avec le principe « aussi inintelligible que commode » : « La fonction crée l'organe ») ? D'autre part, ne met-elle pas en lumière, en particulier dans la critique qu'elle fait de son usage chez Marx, la coïncidence quasi miraculeuse en cette idée confuse du développement des forces productives, de l'aboutissement nécessaire du devenir et de l'accomplissement de la vocation humaine ?

Je suis bien convaincu que l'amélioration ne va pas de soi, et que l'on ne doit pas penser le progrès par rapport à l'avenir. Tout, nécessairement, n'ira pas mieux demain ! Je constate seulement qu'il y a plus aujourd'hui qu'hier, puisque aujourd'hui il y a la vie, et qu'elle n'était pas il y a *x* millions d'années, qu'aujourd'hui il y a la pensée qui n'était pas apparue il y *x* millions d'années, etc. Ce que j'aime chez Darwin, par différence avec Lamarck (même si je pense que les choses sont plus compliquées et que Lamarck n'a peut-être pas dit son dernier mot), c'est l'idée d'un progrès sans finalisme, par la conjonction des mutations hasardeuses et de la sélection naturelle...

C'est un peu le progrès tel que le conçoit Pascal dans la Préface au Traité sur le vide, *une avancée (ce que dit le latin* progredior*) par accumulation continuelle de l'acquis ?*

En un sens le progrès, tel que le pense Pascal dans le texte auquel vous faites référence, comme accumulation du savoir, peut être pensé à la manière poppérienne, sous la même image de la sélection naturelle des théories, par le phénomène dit de la falsifiabilité (ou de la réfutabilité), c'est-à-dire qu'une théorie scientifique se reconnaît comme telle au fait qu'elle peut être falsifiée (ou réfutée), et que celles qui ne le sont pas encore subsistent et qu'il y a là une sorte de progrès objectif, sans que l'on ait besoin pour cela de se donner une fin qui attirerait et justifierait le progrès.

En un mot, j'essaie personnellement de penser le progrès, non par rapport à l'avenir, mais par rapport au présent et au passé, non par l'attraction d'une fin, mais par la puissance motrice d'une cause efficiente, qui est la matière pour ce qui est de l'astrophysique, du devenir de l'univers et de la vie (et même de la pensée dans le cerveau humain), mais qui est aussi le désir, pour ce qui est de l'homme. C'est l'opposition entre Platon et Spinoza, pourrait-on dire, et toutes proportions bien gardées entre Simone Weil et moi : là où elle ne pense une ascension possible que par l'attirance d'un haut, comme chez Platon le Bien nous attire, j'essaie de le penser, avec Spinoza ou même avec Freud, comme étant le résultat d'une puissance. Alors que le désir chez Platon est manque, manque du Bien – et nous ne nous mouvons que parce que nous sommes attirés par le Bien qui nous manque –, le désir chez Spinoza n'est pas pensé comme manque mais comme puissance. Chez Platon, c'est le Bien qui nous attire ; chez Spinoza, c'est le désir qui nous pousse. Être matérialiste, c'est être du côté de cette poussée du désir, et pas du côté de l'attraction par le Bien. Il y a là, comme on dit, une opposition frontale.

Il est difficile de ne pas relier l'incapacité qu'a Simone Weil à comprendre quoi que ce soit à ce thème du désir comme productif, comme créateur, comme poussée, comme affirmation, avec ce qu'il y a en elle d'évidemment inhibé ou mortifère, ce que semblent bien montrer ses photos, un rapport au corps qui, d'évidence, relève d'une forme de pathologie. Je ne dis pas cela pour réduire sa pensée à une quelconque pathologie, il y a chez elle un génie philosophique incontestable, mais il y a chez elle aussi une sorte de triomphe de la pulsion de mort, et donc d'inhibition de la pulsion de vie, si bien qu'elle a été, semble-t-il, incapable de penser autre chose comme mouvement que cette attraction, car elle s'interdisait d'avoir en elle quoi que ce soit qui pût la pousser, qui pût ressembler à du désir, en tout cas à un désir corporel. Voyez aussi ce qu'elle dit de la psychanalyse...

Marcel Conche, philosophe dont vous êtes très proche, dit dans Vivre et philosopher *que la faute théorique majeure de Marx*[1] *est de ne pas avoir fait droit à la morale (on trouve un reproche assez analogue fait à l'endroit de la pensée de Heidegger). La pensée de Simone Weil n'est-elle pas en ce siècle une pensée qui, au contraire, fait essentiellement droit à la morale, c'est-à-dire, dans le langage de Marcel Conche, aux catégories morales du bien et du mal, et pas seulement aux catégories éthiques du bon et du mauvais ?*

La pensée de Simone Weil est une pensée qui « fait droit à la morale » parce que c'est une pensée de l'amour. Dans son platonisme, qui à mon sens dépasse le platonisme, dans cette conjonction de l'être et de la valeur, donc dans leur double absence ici-bas, puisque Dieu n'est pas là (« Si tu crois avoir un père ici-bas tu te trompes, c'est un

1. « De cette faute théorique, il faut voir probablement la raison ultime de tous les échecs pratiques » (Vivre et philosopher, PUF, coll. « Perspectives critiques », 1992, p. 159).

faux Dieu », dit-elle), l'être et la valeur ne sont donc présents que par leur absence, qu'en creux, et l'amour n'est pas autre chose que cette absence. Si bien que l'ontologie de Simone Weil est une ontologie de l'absence, du retrait, l'être est ailleurs, comme chez Platon, et dès lors l'éthique de Simone Weil est une éthique de l'amour. Les deux thèmes, en vérité, n'en font qu'un. C'est parce que Dieu est amour qu'il se retire, toute la pensée de Simone Weil se concentre sur cet amour, et c'est en cela qu'elle est assurément chrétienne, bien davantage qu'hindouiste ou bouddhiste... Dans mon langage à moi, je dirais que sa pensée est moins morale qu'éthique. J'entends par morale ce qui est de l'ordre d'un commandement, d'un impératif, et par éthique quelque chose qui est plutôt de l'ordre d'un désir, d'un amour. La pensée éthique est une pensée de l'amour et non un quelconque impératif catégorique de type kantien. Ce n'est pas chez elle la raison qui commande, il n'y a pas de raison pratique, c'est l'amour qui commande par son rapport évident à autre chose qu'à tout ce qui est présent. On ne peut aimer absolument rien de ce qui est présent, dit-elle, il faut donc aimer quelque chose qui n'y est pas : « Il faut vivre dans un désert, car celui qu'il faut aimer est absent. » Et c'est dans la mesure où l'amour, incapable de trouver aucun objet qui le satisfasse ici-bas, porte en lui-même une espèce de transcendance, qui certes ne brille que par son absence, que la pensée de Simone Weil est globalement une pensée éthique.

Comment a-t-elle pensé le mal ?

Elle a l'honnêteté de prendre le mal en compte. Il n'y a pas chez elle cette idée, que l'on trouve chez Leibniz, que le mal n'est que l'équivalent d'une ombre ou d'un noir dans un tableau, et qui rend l'ensemble encore plus délicieux. Idée qui me semble à la fois irrecevable et indécente. Simone Weil prend le mal tel qu'il est et refuse, pourrait-on dire, d'adoucir les angles, elle le présente dans toute sa noirceur...

Le mal, chez elle, n'est donc pas seulement privation ou absence du bien (privatio boni)...

Qu'est-ce que le mal, pour elle ? En partie il est privation, puisque Dieu étant tout le bien possible, s'il veut créer autre chose que lui-même, c'est-à-dire tout simplement créer, il ne peut créer que le mal ! C'est là un paradoxe, mais si Dieu était présent, il n'y aurait que Dieu, et sans création il n'y aurait pas le mal. S'il y a une positivité du mal, elle n'est qu'en creux, c'est la positivité même du monde qui est essentiellement mauvais. Cette essence mauvaise du monde, qui est sa positivité, qui fait que le monde est monde, en même temps n'est que l'absence de Dieu. Mais il y a un mal moral plus positif que cela, qui est le refus de Dieu, c'est-à-dire l'amour de soi. Le mal c'est vouloir exister, là où, au contraire, la décréation consisterait – de même que Dieu s'est décréé pour que le monde existe, Dieu s'est retiré de la création – à ce que nous nous retirions de nous-mêmes, que nous renoncions à exister pour qu'à la fin des fins, à nouveau, il n'y ait plus que Dieu.

Le mal, dans sa positivité humaine, comme mauvaise orientation de l'esprit, c'est au fond l'égoïsme, qui est volonté éperdue d'exister. De ce point de vue, le mal c'est la violence : c'est la logique de Thucydide déjà énoncée : « Toujours, partout, tout être tend à affirmer au maximum sa puissance », c'est le *conatus* chez Spinoza. L'opposition est ici très forte ; ce que Spinoza pense, et pense positivement, comme l'essence de l'être, c'est-à-dire la tendance à persévérer dans son être, pour Simone Weil c'est bien en effet le monde tel qu'il est, à savoir mauvais. Aller dans cette direction-là, c'est aller vers le mal. Il faut aller dans la direction inverse, celle de la décréation.

Faut-il mettre son œuvre, dans sa diversité même, au compte de la philosophie ? D'aucuns s'y sont refusés ! Cette œuvre ne rend-elle pas vains les débats qui ont jadis agité la Sorbonne[1]*, quant à la possibilité ou l'impossibilité d'une philosophie chrétienne ? Parler d'elle comme d'un philosophe chrétien semble être à la fois une évidence et un contresens !*

Elle n'est pas une philosophe chrétienne, en ce sens qu'elle ne conçoit pas sa pensée comme au service d'une foi constituée par ailleurs. C'est avant tout

1. Dont Jean Beaufret, son ancien camarade de la rue d'Ulm, s'est fait l'écho dans son *Dialogue avec Heidegger*, t. IV, Éd. de Minuit, 1985.

un esprit libre, qui ne soumet sa pensée à aucun a priori, quel qu'il soit. De ce point de vue, la révélation n'est pas le point de départ de sa pensée, mais davantage un point d'arrivée. En ce sens, elle est clairement philosophe, elle n'est chrétienne que secondairement. Cela dit, peut-on qualifier cette pensée de philosophique ? C'est une question de définition, évidemment, qui intéresse davantage l'idée que l'on se fait de la philosophie, que la pensée de Simone Weil. Il me semble, simplement, que si on définit la philosophie de telle sorte que la pensée de Simone Weil n'y rentre pas, on en aura produit une définition singulièrement pauvre. N'y entreraient ni Montaigne, ni Pascal, ni même Kierkegaard. Or ce sont bien là quatre philosophes, même si les programmes de philosophie des classes de terminale leur font peu de place. Il y a une dizaine d'années, l'inspecteur général de philosophie m'avait demandé quels noms j'aimerais voir ajouter à la liste des auteurs du programme officiel de terminale pour le XXe siècle ; je lui avais proposé Wittgenstein et Simone Weil...

Pour moi, Simone Weil est non seulement une philosophe, mais elle est même l'un des rares philosophes de ce siècle qui me touche, qui me parle, qui m'éclaire. Elle fait partie des très rares maîtres spirituels de notre époque. Mais, en outre, elle a essayé de penser l'esprit et la vie de l'esprit par des moyens conceptuels, celui de décréation, par exemple. Or, penser par concepts une expérience spirituelle, cela fait partie intégrante de la philosophie.

2
La sherpa du Thabor
« Un peu de chair nue, inerte et sanglante »

par François Angelier

> « Un peu de chair nue, inerte et sanglante au bord d'un fossé, sans nom, dont personne ne sait rien. Ceux qui passent à côté de cette chose l'aperçoivent à peine, et quelques minutes plus tard ne savent même pas qu'ils l'ont aperçue[1]. »

Simone Weil fut une mystique à l'état de servage. Un reste de chair serve, brisée, soumise. Elle a méthodiquement œuvré à ce ravalement très inférieur, s'est souhaitée rebut de matière. Plus même. Encore moins que matière : matériau. Sœur de ces rognures de métal, de ces balayures qu'elle voyait joncher le sol de l'usine. « Pour vouloir être tout en tout, écrivait saint Jean de la Croix, veillez à n'être rien en rien. » Atteindre le point nu, joindre le lieu nul. Tomber au ciel. Descendre vers la Lumière. Méticuleusement s'annuler. Être reçue première à la

1. AD, p. 152.

désagrégation : son rêve, son vœu, son souhait. Elle s'est grandie jusqu'à devenir l'« être mille fois biffé » qu'a délicatement distingué le fin pinceau d'Henri Michaux, « ras et risible », « vide de l'abcès d'être quelqu'un ». Ce peu de limaille souffrante sur laquelle on souffle pour la disperser et ainsi faire place nette. Car là est le lieu, dans cet outre-rien, l'orifice minuscule par où souffle Dieu, vent énorme. C'est là que peut percer la lumière. S'anéantir pour passer par le chas du néant, portique de vérité. Loin de l'idole colosse, retrouver « ce peu de matière sans forme », « ce peu de pain » qui est « au centre de la religion catholique ». « Ce fragment de matière... c'est ce qu'il y a en elle de plus scandaleux et c'est en quoi réside sa plus merveilleuse vertu[1]. »

Ce que se souhaitait Simone Weil : être l'hostie au sol, foulée, de la dernière messe de Charles de Foucauld.

N'être qu'à peine, du rien frôlé, le rien du Tout. « Se vider de sa fausse divinité, se nier soi-même, renoncer à être en imagination le centre du monde, discerner tous les points du monde comme étant des centres au même titre et le véritable centre comme étant hors du monde, c'est consentir au règne de la nécessité mécanique dans la matière[2]. » Sœur, Simone Weil, pour ces quelques lignes, de Louis Massignon, quêtant lui aussi un « point d'appui hors du monde » et avouant qu'on ne peut pas soulever

1. AD, p. 198.
2. AD, p. 163.

le monde avec lui-même, il faut prendre l'appui en dehors et sur un invariant, sur un absolu qui est précisément notre foi en Dieu. Massignon et Weil, hantés du besoin de « chercher un levier [mot weilien s'il en fut] qui soit un levier de foi pour soulever le monde vers le Prophète [1] ».

D'abord, se ceindre du cilice de la nécessité. Faire de nécessité cilice, tremplin vers la grâce. Se laisser tisser parmi la texture impitoyable des lois naturelles ; texture pénitentielle. Alors, quand force vous a été donnée de n'être qu'un peu de « chair nue », alors se trouve atteint ce « point central de l'âme où le oui ne peut être qu'éternel [2] ». Se purger du « se ». S'évider de soi. Une vitre. N'être qu'une vitre pure, lavée de la grande eau de la douleur, un pur médium qui accomplit sa médiation dans l'effacement de soi. On voit les impuretés qui la souillent ou le paysage qu'elle révèle mais on ne *voit* jamais la vitre. La vitre est une machine. Une machine à s'effacer pour laisser la lumière. « Avaler Dieu jusqu'à s'en rendre transparent », cette phrase est de Roger Gilbert-Lecomte. Se concentrer sur l'un-point-c'est-tout car « un, le plus petit des nombres », « c'est lui l'infini » ; « Si Dieu est un, l'infini est le diable [3] » (n'oublions pas Coventry Patmore, cité par Claudel : « Infini, mot horrible », et cette visée claudélienne, et wei-

1. « Réponse à un ami musulman », in *Mystique en dialogue*, *Question de*, Albin Michel, 1992.

2. AD, p. 174.

3. PG, p. 123.

lienne, d'un cosmos amoureusement borné par Dieu : « La limite est le signe que Dieu nous aime[1]. »

Claudel et Weil, sur le statut de la créature, s'accordent contradictoirement. Chez Claudel, l'homme a reçu mandat pour la régence du monde, il est le métayer de Dieu sur terre. Canal qui relie Dieu au monde, il se doit de peser sur son destin, d'infléchir son cours, de l'« accoucher » et, là, l'exploitation, la coupe réglée sont de mise[2] ; chez Simone Weil (plus proche de Claudel taoïste), on se doit d'être intensément absent, de n'être là que pour laisser passage à Dieu. Être une vitre claire et non une taie posée sur l'œil de Dieu et qui interdit son retour parmi les choses : « Dieu ne peut aimer en nous que ce consentement à nous retirer pour le laisser passer, comme lui-même créateur s'est retiré pour nous laisser[3]. » L'homme doit s'abdiquer jusqu'à n'être plus qu'une frêle passerelle entre Dieu et sa création. « N'être qu'un intermédiaire entre la terre inculte etle champ labouré, entre les données du problème et la solution, entre la page blanche et le poème, entre le malheureux qui a faim et le malheureux rassasié[4]. »

1. PG, p. 139.
2. « Globe en cours », in *L'Approbation sacrée*, *Question de*, Albin Michel, 1993.
3. PG, p. 53.
4. PG, p. 60.

En forme de zéro

Tendre à n'être qu'une hostie taillée dans un matériau vil. « Cette chose en forme de zéro » que le prêtre brandit (Claudel). Le zéro de l'hostie par où passe le juste pour s'offrir à Dieu. S'y couler, c'est se faire fil, rayon, fibre infime (infâme) de souffrance désirante. « La Croix du Christ est la porte de la connaissance », l'hostie est le cœur de la Croix.

Seulement, « le chemin de mille lieues commence par un pas » (Tao). Tout est l'attention tendue de l'ascèse. Faire du temps l'espace d'un effort sans faille. Pour se hisser à la force du poignet jusqu'au rien, s'y brûler et s'y moudre, corps et forces, d'abord s'incarner.

Simone Weil réprouvait le rêve, combattait l'illusion et vomissait l'imagination comme factrices de faux-semblants, fauteuses d'ersatz et donc lourdes d'idoles potentielles. Se « vider de sa fausse divinité », c'est (nous l'avons déjà cité) « renoncer à être en imagination le centre du monde ». Le mal est un mirage, une doublure. L'enfer est un « quasi-enfer », un « faux abîme ». Le vrai enfer ne peut être qu'un faux enfer, seul le bien est réel. A-t-elle lu le *Ludovic* d'Ernest Hello, celle qui déclare dans *La Pesanteur et la Grâce* que « le trésor de l'avare est une ombre d'une imitation de bien[1] » ? Elle ne cesse pas ses imprécations contre « une vie réelle plus qu'aux trois

1. PG, p. 67.

quarts composée d'imagination et de fiction[1] ». Le malheur est, plus que souffrance, mensonge, badigeon flatteur à la surface des choses qu'il importe de toujours bien décaper de leur enduit d'illusion : « Le mal imaginaire est romantique, varié, le mal réel morne, désertique, ennuyeux... », « la littérature d'imagination [est] ou ennuyeuse ou immorale ». Ce mal qui est un faux ignore d'ailleurs toute échappée possible vers une transcendance ; Simone Weil rompt avec la vieille quête chimérique d'un « au-delà du mal ». « L'au-delà du mal ne s'atteint pas » du Huysmans de *Là-bas* annonce « Il n'y a pas de profondeur, de transcendance dans le mal » de Simone Weil. Le mal est plat, il ignore la grande dilatation centrifugée du bien. Il est centripète à l'infini. Suprême contracture.

S'incarner, c'est gratter le réel jusqu'à sa couche de douleur : roche-mère de la vérité, du vrai terrestre.

S'incarner, c'est gratter le monde jusqu'à atteindre la Croix.

Car, si l'enfer est une « fausse béatitude », revient à « se croire par erreur au paradis », « la Croix seule n'est pas susceptible d'une imitation imaginaire ». Donc, de toutes ses forces, tendre à la Croix, ne croire qu'à la Croix. Ne se fier qu'à la Croix : se crucifier. La *crucifixion* n'existe pas. Qui accède à la fixité de la Croix échappe à la fictivité du mensonge, du mal illusoire.

Pour dissiper le mirage : s'enraciner. L'âme ne

1. PG, p. 73.

doit être, dans l'épaisseur du corps, ni enchâssée, ni engluée, mais enracinée. La pierre n'est pas enracinée dans sa monture, mais maintenue. La plante n'est pas enlisée dans la terre, ni montée comme une pierre, en elle, elle y est enracinée. Qu'en l'âme et le corps souffrant (au contact du vrai) se crée un échange nourricier, une dialectique savante.

Inévitable, donc, pour Simone Weil, le choix chrétien, la vocation à se christifier de plus en plus. Là, seulement là, s'est accomplie cette immersion d'un Dieu dans l'épaisseur du temps, sa soumission aux règles de l'espace, son consentement à l'être même de l'homme : la souffrance. Je songerais, pour Simone Weil, à un autre mot : celui d'*encarnation* (frère de l'enracinement). Avec le christianisme, Dieu s'est fait *carne*, et il est descendu parmi nous dans la cale où moisit la carne.

Carne : mauvaise viande, dure, nerveuse, que l'on peine à mâcher, impossible à attendrir. Rien ne sert plus de se « cacher sous la chair » de Dieu : il est chair, Dieu s'est laissé gagner d'un désir de chair. Donc vivre en perpétuel processus de *surincarnation*, dans le dol et l'exténuation, souffrir du poids et de l'arrachement, se livrer au mépris et à l'exiguïté : s'encarner. Souffrir-vrai.

Simone aimait, lit-on, la mélopée des haleurs de la Volga. Sa vie ne fut que halage, halage du corps, halage du mal commun. Haler le monde comme le dernier des coolies, des pousse-pousse. Bâtée de toute la souffrance, n'être que la sherpa du mont Carmel. Quêter les indices irréfutables du réel, quand le réel, c'est la carne. Aller là où la carne est la plus immangeable dans sa réalité fibreuse et avariée. Elle vit cette hantise d'être abusée, de se contenir aux abords du réel. Il faut combattre car rien n'est, pour elle, jamais assez réel. « Porter dans sa chair, comme une épine, la réalité de l'univers. » La souffrance est l'indice majeur, le signe certain d'un contact avec le réel. La douleur, elle, ne ment pas. La souffrance est d'abord l'expérience ultime, paroxystique du réel ; chaque fois que nous subissons une douleur, nous pouvons nous dire avec vérité que c'est « l'univers, l'ordre du monde, l'obéissance de la création à Dieu qui nous entrent dans le corps [1] ». Et l'allusion, là, est claire : la crucifixion est le modèle même du rapport au réel, on ne s'incarne que crucifié. Il n'y a que la Croix qui soit réelle. L'univers, pour être perçu, doit se clouer en vous : « Par la douleur, la beauté du monde nous entre dans le corps » : la douleur est le poignard amoureux de la nécessité. Et le corps est le médium majeur entre nous, créés, pécheurs, et la vérité du réel. Seule la Croix *réalise*. « Le corps a part dans tout apprentissage. Au niveau de la sensibilité physique, la douleur seule est un contact avec cette nécessité qui constitue l'ordre du monde [2]. »

Et ce qui, au-dedans même de la douleur, témoigne de ce contact vrai à même le monde, c'est ce que Simone Weil appelle la « rugosité » du vrai. « Un

1. AD, p. 137.
2. PG, p. 137.

critérium du réel, c'est que c'est dur et rugueux. On y trouve des joies, non de l'agrément. Ce qui est agréable est rêverie[1]. » Rêverie, donc illusion, donc issu du mal. Le bonheur est d'essence maligne, seul assainit les cœurs le grand flamboiement de la joie douloureuse.

Et là, Simone Weil sort, avec évidence et naturel, du houleux troupeau, de cette horde marquée, caïnique et rédemptrice que forment les écrivains catholiques. On reste fasciné, de Joseph de Maistre à Louis Massignon, par la course terrible de ce nerf dans l'épaisseur, la chair, de la littérature catholique : la douleur. La douleur est le nerf de l'amour, ainsi parlent, unanimes et solidaires, toutes les plumes catholiques mystiques sur cent cinquante ans ; et Simone Weil emboîte leur souffrance, met ses plaies dans leurs plaies naturellement. Depuis le « De la douleur, le christianisme a fait une douleur » de Barbey à Trébutien, jusqu'au « S'offrir pour souffrir » de Louis Massignon, tous ont la douleur comme armature secrète, ossature surnaturelle de leur discours. Cimes sûrement, dans cette cordillère des anges, que cet « hymne à la douleur » que déclame Bloy dans *Celle qui pleure* : « La Douleur ! Voilà donc le grand mot ! Voilà la solution de toute vie humaine sur la terre ! Le tremplin de toutes les supériorités, le crible de tous les mérites, le critérium infaillible de toutes les beautés morales ! On ne veut absolument pas

1. *Id.*

comprendre que la douleur est *nécessaire*. Ceux qui disent que la douleur est utile n'y comprennent rien. L'utilité suppose toujours quelque chose d'adjectif et de contingent et la douleur est nécessaire. Elle est l'axe vertébral, l'essence de la vie morale. L'amour se reconnaît à ce signe, et quand ce signe lui manque, l'amour n'est qu'une prostitution de la force ou de la beauté [1]. » Quel mot de cet équivalent doloriste de l'« hymne à la charité » paulinien Simone Weil aurait-elle renié ? Notons « critérium » commun à Bloy et à Weil ; remarquons aussi cette idée que la douleur n'est pas un ustensile spirituel mais l'impression en nous de la nécessité, et celle qu'un amour abrégé de sa douleur n'est qu'une « prostitution de la force ». Quant à Huysmans, charpie souffrante dans la lumière bleue de sa radiothérapie bidon, refusant la morphine, l'éther, n'a-t-il pas écrit de la douleur qu'elle est « la charrue dont le diligent Laboureur use pour déforcer les terres de votre âme et y semer le grain ; dites-vous que, plus tard, les engrangeront pour vous dans les celliers du ciel des moissons qu'ils n'auraient jamais récoltées si le *soc des souffrances* n'avait déchiré votre pauvre sol [2] ! » « La douleur est le levier de l'amour, le second bras de Dieu. » De qui ceci ? Simone Weil ? Non, Blanc de Saint-Bonnet dans *La Douleur*. Seule cette étreinte de la rugosité rimbaldienne du réel permet

1. *Œuvres de Léon Bloy*, t. X, Mercure de France, 1970, p. 23.
2. *Sainte Lydwine de Schiedam*, Maren Sell, 1989, p. 199.

d'échapper au mirage malin, à l'illusion diabolique : L'homme doit faire l'acte de s'« incarner car il est désincarné par l'imagination ». Par la souffrance, l'homme arrime sa chair à la réalité et le sacrifice divin, ainsi rejoint, est partagé : « Souffrance : supériorité de l'homme sur Dieu. Il a fallu l'incarnation pour que cette supériorité ne soit pas scandaleuse. »

L'incarnation à l'usine

Et le lieu qui permet cette étreinte, cet écharpement de tout l'être à même la rugosité du réel incarné : l'usine.

Seule Simone Weil connut l'usine. De tous ceux sur le Golgotha, tout autour de la Croix, elle est la seule à mener une ronde extasiée, elle seule fit l'épreuve du pain de cendres, de la misère prolétarienne. Ni Péguy (né pourtant parmi les plus pauvres), ni Bloy, ni Huysmans (devenu, par héritage maternel, petit usinier), ni Claudel (homme des jetons de présence plus que de la pointeuse) n'ont connu l'usure de l'usine, ses cadences, ses risques, au plus cru du malheur social.

L'usine, pour Simone Weil, fut ce lieu suprême d'incarnation, de *surincarnation*. Rugosité maximum. Tous les livres de Simone Weil sont des journaux d'usine, à ceci près que, passé certains caps, on transporte l'usine au-dedans de soi. L'usine devient, symboliquement transposée, la forme même du combat intérieur.

Son corps, pourtant, n'est en rien apte à l'effort ouvrier : « Lent, maladroit et pas très costaud... » Ce corps déjoue toutes les tentatives d'habileté. Elle est un prodige de gaucherie, d'inhabileté. Pas de mains, peu d'yeux et un crâne à longueur de journée concassé par la migraine. À l'opposé de la robustesse supposée prolétarienne. À l'usine, la chair-Weil accède à la voie du rien, à n'être bientôt plus qu'une « hostie de chair souffrante ». Il faut lire son *Journal d'usine* comme un diaire mystique, à la place des sous gagnés, des pièces produites, entendre claquer, creuser et crisser les macérations, les souffrances auto-infligées des mystiques de haute école. L'usine lui offre, dès l'abord, en acte, dans la chair, par la voie du fait, ce qui deviendra son outillage métamorphique. La pesanteur weilienne, avant d'être une donnée spirituelle, est d'abord une réalité brutale. Avant d'être une « forêt de symboles » mystiques apte aux plus infimes pesées sur le trébuchet intérieur, l'usine tombe sur Simone de tout son poids de mécaniques souffrantes, de corps marqués, de vies rognées. L'usine, monde voué au pondéral (la grâce étant, par essence, l'impondérable même), au poids qui coupe, arrache, épuise, casse, plie. L'enfer vrai de l'usine : spectacle d'une matière pétrie par le poids. Là, elle est fusillée de douleur, elle éprouve le « froid de la force ». Passée par les larmes, quasi morte. À l'usine, cette rejetonne butée et surdouée de la bonne bourgeoisie découvre un fait tout simple : la douleur a la banalité du pain. Elle se gave de cette souffrance mate, s'abrase à longueur de jours au contact de cette meule infatigable qu'est l'oppression usinière. Un peu d'encanaillement pourtant, chez elle, dans l'usage de certains mots : « louper » qui revient sans cesse, avec lequel elle semble aimer jouer (l'argot, pour Simone Weil, serait-il à la langue ce que la souffrance est au corps ? un gage d'authenticité, de « rugosité » verbale témoignant que ça y est, qu'on y est ?). Chiffres, taux, pourcentages : l'usine lui permet de ne pas décoller de ce « ras d'hommes » (Calet).

Aux instruments traditionnels de mortification : cote de clous, plaies nappées d'un coulis de cire chaude, chemise de crin, discipline hérissée de dards d'acier, Weil substitue le simple fait du travail, l'analyse des mécanismes de l'oppression ; après le nimbe prestigieux de l'ascétisme individuel, voilà la mate et morne réalité de l'usine quotidienne. La « montée au Carmel » devient boulot.

Refusés les fastes de la réclusion ascétique, les fastuosités claustrales et conventuelles de nonnes en proie aux furibonds assauts de l'Époux, se lardant, se dépiautant, s'incisant, se flagellant. Plus rien de tout ça. Rien qu'en bout d'atelier, chez Alsthom ou Rosières, une bringue godiche et cérébrale, pleine de grec mais pas foutue de bosser à temps, et dont le boulot est presque toujours à refaire.

Simone Weil – et c'est selon moi l'un de ses principaux apports au fait mystique saisi dans sa durée, son histoire – arrache le langage de l'expérience mystique à celui, séculaire, du *dolce amor*, d'une certaine courtoisie chevaleresque, pour le faire entrer dans le monde technique machinique.

Soyons clair : elle ne modernise pas la langue mystique à grand renfort d'emprunts au lexique usinier et industriel, mais elle arrache au monde surbaissé, gras et opaque de l'usine moderne sa charge de symbolisme, de métaphores et, par là, d'emblèmes spirituels.

Avec Simone Weil, la machine devient blason de l'âme. L'Évangile, vécu et écrit, en pleine civilisation agro-pastorale, use du troupeau, du vin et du grain, de l'huile et du fruit, pour se faire entendre des porteurs d'oreilles. Loin de nous la Galilée chrétienne ! Il faut trouver d'autres paraboles, issues d'autres réalités, la nôtre, pour dire et reproférer la vérité chrétienne. Et si Simone Weil marche toujours au son du « Jésus m'a prise » des grandes Hispano-Italiennes, si elle use du « Oui » nuptial, son univers est celui d'un ingénieur, d'un OS. Son âme s'inspecte comme une machine-outil. L'usine est son alcôve mystique. Elle est aussi la matrice de son symbolisme et de son lexique. La Croix, d'emblée, est appréhendée comme un objet manufacturé, le produit d'un faire artisanal : « L'arbre de vie fut une poutre. Quelque chose qui ne donne pas de fruit, mais le mouvement vertical[1]. » Elle renforcera, dans *Attente de Dieu*, ce sentiment d'artificialité stérile en décrivant la Croix comme « du bois mort géométriquement

1. PG, p. 116.

équarri où pend un cadavre[1] ». Plus arbre mais poutre, la Croix est une machine à supplice saisie en plein fonctionnement, une fois son office fait, mécaniquement réalisé, une fois produite la chose pour laquelle elle a été conçue : produire du corps de Dieu mort.

L'histoire de la technique se suit, d'ailleurs, en creux, dans l'histoire des supplices. Le supplice suit la technique comme son ombre. Les avancées de l'une sont à l'instant répercutées en valeur négative dans les étapes de l'autre. De l'archaïque lapidation à la chaise électrique, les tableaux, dessins et gravures qui représentent exécutions et mises à mort permettent de pointer les grandes étapes techniques : fer, levier, poulies, roues, fusillages, etc. Le supplice est l'ombre portée de la technique[2].

La Croix et la balance

Au-delà du tronc raboté, « équarri », de la poutre, la Croix du Christ est en quelque sorte dépassée vers un autre objet, techniquement plus élaboré et symboliquement plus dense : la balance. À la croisée du pal et de la potence, au carrefour des poutres sanglantes, se fige et rayonne le cœur de la Croix, le

1. AD, p. 117.

2. Cf. l'étonnant déambulatoire de supplices, tourments et mises à mort assemblés par Lionello Puppi in *Les Supplices dans l'art*, Larousse, 1991.

point nodal de l'incarnation. Tension, poids, levier, la balance est une Croix mobile : « La balance en équilibre, image du rapport égal des forces, a été de toute antiquité, et surtout en Égypte, le symbole de la justice. Elle a peut-être été un objet religieux avant d'être employée dans le commerce. » L'usage de la balance comme symbole apparaît comme la rétrocession d'un objet volé, détourné de son rôle symbolique par les commerçants. La balance réalise ce que la Croix symbolise : « Croix comme balance. Descente, condition de la montée. Le ciel descendant sur terre soulève la terre au ciel[1]. » Si la Croix est un symbole statique et immobile, la balance permet, elle, une saisie dynamique du processus rédempteur, de la « physique surnaturelle » : « La Croix est une balance où un corps frêle et léger, mais qui était Dieu, a soulevé le poids du monde entier[2]. » La scène de la passion apparaît, déployée en son entier comme une gigantesque balance : chaque larron figurant un plateau, le reniement de l'un expédiant « mécaniquement » l'autre au Paradis. À cette balance surnaturelle, le corps du Christ s'intègre comme seul et terrible *couteau* dont la verticalité, l'absence d'inclinaison d'un côté ou de l'autre, représente la sainteté absolue. Cette sainteté que symbolise, pour Simone Weil, une balance qui « penche des deux côtés à la fois ».

Le rapport à Dieu, les sinuosités du trajet ascéti-

1. PG, p. 122.
2. PG, p. 124.

que sont perçus comme des phénomènes physiques, des processus techniques. Le corps, tout d'abord, relève de l'ustensilité, n'est qu'un instrument, et encore, « un instrument pourri ». La référence au « figuier stérile » et aux « feuilles mortes » reste minoritaire quand réapparaît comme une hantise, un souvenir ineffacé, le spectacle des machines-outils débitant leurs pièces. Là, le processus est clair : l'expérience usinale revient comme métaphore dans le discours, l'objet s'est fait symbole, les mots de l'ouvrière sont passés, crus et indemnes, dans la bouche de la sainte.

Décantée, la souffrance physique de l'épreuve prolétarienne réapparaît comme élément du discours religieux : « Peut-être que Dieu se plaît à utiliser les déchets, les pièces loupées, les objets de rebut[1]. » La pierre refusée des bâtisseurs devient la pierre d'angle, la « pièce loupée » est néanmoins choisie par Dieu. Et toujours selon un processus consistant à exprimer l'élément mystique dans la « rugosité » de la réalité moderne, l'artisanat des maîtres tailleurs antiques le cède aux cliquetis de la machine-outil contemporaine.

Une science de la sainteté

S'il y a épanchement, report du vocabulaire techno-industriel dans l'ordre de la mystique, on

1. AD, p. 79.

assiste, chez Simone Weil, à beaucoup plus : la tentative (présente, notons-le, chez un Louis Massignon, sociographe et mystique essayant de dégager, dans un ensemble social donné, le taux et la fréquence des cas de sainteté) de fonder la mystique comme une science méthodique. Science de la « sainteté » plus que des « saints ». Méthodologie mystique, d'où cette traduction théorique de l'expérience mystique : non balbutier aux marges de la pâmoison quelques mots qui ne seront que la monnaie, menue et dégradée, de l'expérience essentielle, mais énoncer des axiomes, formuler des théorèmes, découvrir des lois. D'où le ton unique des derniers textes de Simone Weil. Institutrice, grammairienne ou gymnaste, on a envie de répéter, tout haut, après elle : « Les mécanismes surnaturels sont au moins aussi rigoureux que les lois de la chute du corps[1]. »

Arracher l'âme à l'état d'âme, en faire une substance, un phénomène, un analysable parmi d'autres. Le but de Simone Weil ne serait-il pas d'arracher la mystique à la poésie pour la rendre à la physique ? Replatoniser la mystique, retrouver l'exigence d'un saint Jean de la Croix mettant en courbes et graphiques « une étude rigoureuse des mécanismes surnaturels ». Quant à l'Évangile, il devient, formule suprême, chiffre et clé de toute pratique et de tout raisonnement, délivrant « une physique surnaturelle de l'âme humaine. Comme toute doctrine scientifi-

1. E. Piccard, *Simone Weil, essai biographique et critique*, PUF, 1960, p. 268.

que, elle ne contient que des choses clairement intelligibles et expérimentalement vérifiables[1] ». La souffrance n'est pas à déplorer, en soi, hors de soi : « Le malheur est une merveille de la technique divine. »

Dieu n'est plus l'amant, l'époux ravisseur. Dieu est une machine à usiner les saints. À l'érotique classique, Simone Weil substitue une technologique de la sainteté, une technique *moderne* de l'extase. Le corps du mystique n'est plus possédé, ravi, baisé, caressé, mais travaillé comme un fragment de matière, que l'ouvrier confie au soin du laminoir. Chez Simone Weil, le saint est soumis à l'amour comme une pièce à la presse : forgé, pressé, percé, perforé. L'action de Dieu en l'âme hérite à la fois des instruments de la passion et de l'usine – clous, tenailles, travail du fer, forge et emboutissage : « Quand on frappe avec un marteau sur un clou, le choc reçu par la large tête du clou passe tout entier dans la pointe, sans que rien s'en perde, quoiqu'elle ne soit qu'un point. Si le marteau et la tête du clou étaient infiniment grands, tout se passerait encore de même. La pointe du clou transmettrait au point sur lequel elle est appliquée ce choc infini [...] Celui dont l'âme reste orientée vers Dieu pendant qu'elle est percée d'un clou, se trouve cloué sur le centre même de l'univers. C'est le vrai centre qui n'est pas au milieu, qui est hors de l'espace et du temps, qui est Dieu[2]. »

1. *Id.*
2. AD, p. 140.

Texte qui résume et rassemble la presque totalité des aspects évoqués au long de cet article : le centre du monde est hors du monde, en Dieu ; l'homme n'est là que pour s'effacer dans la parfaite transmission de ce que Dieu passe en lui ; l'action de Dieu sur l'âme est sœur des enclouages et martèlements du Calvaire, de même que de l'usine moderne.

Henri Michaux, interpellant Dieu, n'évoquait-il pas l'« effroyable fraiseuse » de sa « présence » ? L'homme est la canne blanche dont use Dieu pour reconnaître le monde, son propre monde ; la douleur est le pic dont use l'homme pour percer le temps et l'espace afin qu'ainsi, l'âme vers Dieu s'échappe ou que « Dieu traverse l'épaisseur du monde pour venir à nous ».

Repassons à l'instant de conclure par la « voie peineuse » de Léon Bloy. Arrêtons-nous devant « ce peu de chair nue » qui n'a plus ni nom ni forme. J'imagine Simone Weil amoureuse, vouée au soldat inconnu. Lui seul pouvait convenir à cette défaite de la chair qui gagne jusqu'à la forme et au nom : « L'anonymat, de la façon la plus significative et la plus conséquente, devint un titre de gloire ; et la bravoure, l'initiative, l'audace, l'abnégation de chacun des plus braves, s'inscrivent dans chaque pays au bénéfice d'un malheureux être qui fut peut-être pacifique et peut-être craintif, mais qui avait l'avantage de n'être plus personne, d'avoir été consommé plus complètement qu'un autre et d'avoir donné jusqu'à son identité. Ce cadavre, dont on ignore même s'il ne fut reconstitué et formé des débris de plusieurs corps, fut tiré au sort[1]. »

J'imagine Simone Weil, cape et béret noirs, vestale, pour l'éternité, de cet informe tas de matière, héroïque et désintégrée.

---

1. Roger Caillois, *Bellone ou la pente de la guerre*, La Renaissance du Livre, 1963, p. 171.

3

Franchir un seuil sans changer de direction

par Robert Chenavier

Simone Weil a marqué l'unité de sa réflexion, malgré les ruptures apparentes dans son œuvre, en confiant au père Perrin : « Quoiqu'il me soit plusieurs fois arrivé de franchir un seuil, je ne me rappelle pas un moment où j'aie changé de direction [1]. » Nous essaierons d'illustrer cette continuité de la pensée en étudiant le développement de la critique du matérialisme de Marx. L'examen critique de la pensée de Marx est en effet une préoccupation constante de Simone Weil, au point que, en 1943, à Londres, elle éprouve le besoin d'entreprendre une étude – restée inachevée – consacrée à la question : « Y a-t-il une doctrine marxiste [2] ? »

Le point de vue spirituel oriente, dans ce texte, la critique de Marx. Pourtant, la mise en perspective

1. Brouillon de la dernière lettre destinée au père Perrin (26 mai 1942, AD, p. 68-84), dans le « Fonds Simone Weil » à la Bibliothèque nationale de France.

2. OL, p. 221 *sq*.

de tous les écrits consacrés à Marx révèle à quel point Simone Weil se montre fidèle à une même question – celle de la *doctrine* – et à une même réponse – Marx n'a pas eu tort d'être matérialiste, il a eu tort de trahir ce qu'il y avait, dans sa pensée, de véritablement matérialiste.

Dans un projet d'article consacré aux « contradictions du marxisme » (1937), Simone Weil écrivait : « Ce n'est pas par comparaison avec les faits, c'est en elle-même que j'estime la doctrine marxiste défectueuse ; ou plutôt, je pense que l'ensemble des écrits rédigés par Marx, Engels et ceux qui les ont pris comme guides ne forme pas une doctrine [1]. » Ce qui impose une révision du marxisme, comme l'affirmera encore Simone Weil en 1943, ce sont les contradictions et les lacunes, chez un penseur « capable d'idées de génie », mais dont l'esprit « était d'une portée inférieure à ce qu'exige la mise au jour d'une doctrine [2] ». Sur chaque notion marxienne examinée de façon critique, quelle que soit la période de la pensée de Simone Weil que l'on considère, le schéma d'interprétation est le même. À propos de l'oppression, par exemple, Simone Weil remarque, en 1934, que Marx « élabora une conception de l'oppression tout à fait neuve, en tant qu'organe d'une fonction sociale [3] ». Cependant, « il laisse tout à fait dans l'ombre les principes généraux du mécanisme par

1. OC II, 2, p. 135.
2. OL, p. 224.
3. OC II, 2, p. 47.

lequel une forme déterminée d'oppression est remplacée par une autre[1] ». L'idée de génie n'a pas été développée en doctrine capable de comprendre la nature de l'oppression indépendamment de la forme qu'elle prend dans le système capitaliste. Simone Weil, en 1943, affirmera encore que Marx « a mis la notion d'oppression au centre de son œuvre, mais n'a jamais cherché à l'analyser[2] ». Le franchissement du seuil spirituel n'introduit aucun changement dans le contenu de la critique, qui reste orientée dans la même direction, sans rebroussement, sans reniement du point de vue antérieur, ni rupture dans le passage à un degré supérieur de cette critique. C'est ce que l'on peut montrer, avec plus de précision, en examinant la critique du matérialisme.

Idéalisme et matérialisme

Il faut savoir être matérialiste et, pour cela, il faut savoir ce qu'est le matérialisme afin d'en faire bon usage[3]. Il faut connaître les limites de l'investigation matérialiste, et il ne faut pas fausser la nature du matérialisme ni son extension légitime par des synthèses indéterminées avec les idéaux de justice ou du

1. *Ibid.*, p. 48.
2. OL, p. 213.
3. Sur l'importance, chez Simone Weil, de la notion d'usage, voir l'article d'André-A. Devaux, « Du bon usage de la mort selon Simone Weil », CSW XVI, n° 4, déc. 1993.

bien, ce qui revient à fausser également l'idéal. Cette question d'un usage légitime ou illégitime du matérialisme – comme celle d'un usage légitime ou illégitime de la dialectique – traverse toute l'œuvre de Simone Weil, qui s'appuie constamment sur la critique de la pensée de Marx. Certains éléments de détermination de l'usage illégitime du matérialisme restent constants. Ainsi, Simone Weil écrit, dans son compte rendu (en 1933) du livre de Lénine, *Matérialisme et empiriocriticisme*, que « toute l'œuvre de Marx est imprégnée d'un esprit incompatible avec le matérialisme grossier d'Engels et de Lénine[1] ». La première *Thèse sur Feuerbach*, en particulier, manifeste une intention claire de « faire une synthèse de l'idéalisme et du matérialisme, synthèse où soit sauvegardée une opposition radicale entre la nature passive et l'activité humaine[2] ». C'est que le projet de Marx, dans sa jeunesse, fut d'élaborer une philosophie du travail[3]. Or, écrit Simone Weil en 1943 – remarquable continuité dans la pensée sur ce point –, « une philosophie du travail n'est pas matérialiste. Elle dispose tous les problèmes relatifs à l'homme autour d'un acte qui, constituant une prise directe et réelle sur la matière, enferme la relation de l'homme avec le terme antagoniste. Le terme antago-

1. OC II, 1, p. 306.
2. *Id.*
3. « Dans sa jeunesse, il était parti pour élaborer une philosophie du travail dans un esprit très proche au fond de celui de Proudhon » (OL, p. 223).

niste, c'est la matière. L'homme n'y est pas ramené, il y est opposé[1] ». Le seul tort de Marx est d'avoir trahi son projet philosophique initial, Simone Weil le dira très vite et jusque dans ses derniers textes[2].

S'il y a une philosophie du travail entrevue chez Marx, il y a aussi un « véritable matérialisme[3] ». Un matérialisme historique, qui signifie que « les pensées formées par les hommes dans des conditions économiques et sociales déterminées répondent à la manière dont ils agissent sur la nature en produisant leurs propres conditions d'existence », écrit Simone Weil dès 1933[4]. Pourtant, à l'exception d'un cours (de 1934) dans lequel il est présenté comme celui qui a appliqué à la science sociale la notion de « condition d'existence » – que Darwin avait appliquée aux structures et à la transformation des êtres vivants[5] –, Marx est toujours comparé à Lamarck[6]. L'idée du développement illimité des forces productives créant automatiquement les structures les mieux adaptées à leur développement rappelle en

1. OL, p. 223. Nous ne méconnaissons pas ce que disait Simone Weil dans son cours de 1932-1933, à Auxerre : « La philosophie du travail, c'est le matérialisme » (OC I, p. 378).

2. « La philosophie du travail qui germait en lui, il l'a abandonnée, quoiqu'il ait continué, mais de plus en plus rarement avec le temps, à mettre çà et là dans ses écrits des formules qui s'en inspiraient » (OL, p. 224).

3. OC II, 1, p. 353.

4. *Ibid.*, p. 306-307.

5. *Ibid.*, p. 330-331.

6. Par exemple dans OC II, 2, p. 35, 48-49, et dans OL, p. 242-243.

effet le mode de pensée de Lamarck selon lequel la fonction crée l'organe [1]. Pour concevoir scientifiquement la structure sociale, de façon matérialiste – projet que Simone Weil n'a jamais abandonné –, il faut faire par rapport à Marx le progrès que fit Darwin par rapport à Lamarck [2].

Sa conception matérialiste de la société, Marx l'a rendue stérile en faisant des forces productives « la divinité d'une sorte de religion dont [il] a subi malgré lui l'influence en élaborant sa conception de l'histoire [3] ». Certes, « le terme de "religion" peut surprendre quand il s'agit de Marx ; mais croire que notre volonté converge avec une volonté mystérieuse qui serait à l'œuvre dans le monde et nous aiderait à vaincre, c'est penser religieusement [4] ». En 1933-1934 déjà, Simone Weil s'en prenait à la *forme religieuse* de la pensée de Marx, le marxisme étant considéré comme « la plus haute expression spirituelle de la société bourgeoise [5] ». Certes, au moment de la rédaction des *Réflexions sur les causes de la liberté et de l'oppression sociale*, ce n'est pas par rapport à une spiritualité authentique qu'est menée la critique de la forme religieuse de la pensée de Marx. Toutefois, le sens du reproche ne diffère pas de celui d'idolâtrie, que Simone Weil fera à Marx en 1943 [6]. Par rapport

1. Cf. OL, p. 65, 82, 242.
2. Cf. OC II, 2, p. 49.
3. *Ibid.*, p. 36.
4. *Id.*
5. *Ibid.*, p. 120.
6. Cf. OL, p. 210 et 229.

à un matérialisme cohérent prôné par les écrits de 1933-1934, la conception marxienne du développement des forces productives et la conception de la société qui en résulte sont analogues à cette forme religieuse de pensée qui peuple les êtres de puissances inhérentes, mystérieuses, à l'œuvre dans le monde – forme du lamarckisme –, au lieu de reconnaître que l'existence est tissée de relations extérieures, comme l'exprime, dans toute l'œuvre de Simone Weil, la notion de condition[1]. C'est une mythique historique que dénonce Simone Weil, par opposition à une science de la société.

La religion marxiste

Or, que trouve-t-on dans les derniers écrits de Londres ? Que le marxisme « est une religion mal construite », une « religion sans mystique », c'est-à-dire sans spiritualité authentique[2]. Marx était un « idolâtre[3] », c'est-à-dire qu'il a fabriqué « un équivalent fictif, erroné », de l'unité entre la justice et la force, le bien et la nécessité[4]. Il n'a pas eu tort de vouloir combiner l'idéalisme et le matérialisme, « car ils doivent être combinés », mais il a situé « cette

1. Dès les premiers écrits philosophiques. Voir OC I, p. 141 *sq.*, 148 *sq.* et 156-157.
2. OL, p. 214.
3. *Ibid.*, p. 210.
4. *Ibid.*, p. 229.

combinaison trop bas ; car leur unité réside en un lieu qui se trouve au-dessus du ciel, hors de ce monde[1] ». Ce qui n'est pas sans rappeler la critique, formulée en 1934, de la conciliation précipitée qu'opère Marx « entre ses aspirations idéalistes [à la justice] et sa conception matérialiste de l'histoire[2] ».

Cette analyse sommaire permet au moins d'illustrer l'expression « franchir un seuil, mais sans changer de direction ». Le marxisme est d'abord considéré (dès 1933-1934) d'un point de vue philosophique, comme « une sorte de religion », par opposition à un matérialisme scientifique cohérent. Si l'on veut élaborer une science des structures sociales, il faut être matérialiste, de manière exclusive, au sens défini dans les textes de 1934 comme au sens des écrits de 1943, dans lesquels on lit que « Marx a eu raison de commencer par poser la réalité d'une matière sociale, d'une nécessité sociale, dont il faut au moins entrevoir les lois avant d'oser penser aux destinées du genre humain[3] ». D'ailleurs, « élaborer une mécanique sociale, c'est, au lieu d'adorer la bête, en étudier l'anatomie, la physiologie, les réflexes, et surtout chercher à comprendre le mécanisme de ses réflexes conditionnels, c'est-à-dire chercher une méthode pour la dresser[4] ». Le tort de Marx n'a pas été d'être trop matérialiste ; il n'a pas su reculer les

1. *Ibid.*, p. 215.
2. OC II, 2, p. 34.
3. OL, p. 235-236.
4. *Ibid.*, p. 216.

limites de l'usage légitime d'une investigation matérialiste. Il fallait chercher à expliquer par une méthode matérialiste tout ce qu'il était possible d'expliquer. Faute d'avoir procédé ainsi, Marx a été conduit à introduire prématurément, et sous une forme mythique, une puissance inhérente et une aspiration au mieux dans le processus matériel, faussant sa « solution » par la conciliation précipitée de contradictions non développées jusqu'à leur terme. Du point de vue d'une spiritualité authentique, Marx est accusé d'idolâtrie ; du point de vue d'un véritable matérialisme, il pèche par la forme religieuse de sa pensée. *Le matérialisme occupe cependant la même place* dans les textes de 1933-1934 et dans les *Écrits de Londres*. Philosophiquement parlant ou spirituellement parlant, il faut, dans l'étude de la nécessité, être matérialiste, car « le matérialisme rend compte de tout, à l'exception du surnaturel. Ce n'est pas une petite lacune, car dans le surnaturel tout est contenu et infiniment dépassé. Mais si l'on ne tient pas compte du surnaturel, on a raison d'être matérialiste [1] ». Simone Weil écrivait quelque chose d'analogue en 1934 : « On peut tout expliquer par la matière, sauf la pensée même qui saisit et comprend le rôle de la matière. Si on le tente, le matérialisme dégénère en un vulgaire pragmatisme [2] », c'est-à-dire que les formes de la pensée se réduisent aux formes de l'action en vue du succès, l'idée est ramenée au

1. *Ibid.*, p. 232.
2. OC II, 1, p. 353.

procédé et, le succès seul finissant par compter, « pour rendre aux actions et aux pensées une signification quelconque, on est obligé d'inventer une femme mythique nommée Histoire[1] ». Le mauvais usage du matérialisme mène au pragmatisme, et le pragmatisme rend nécessaire le recours à la mythologie. En 1943, Simone Weil écrit que « cet univers, avec le surnaturel en moins, n'est que matière. En le décrivant seulement comme matière, on saisit une parcelle de vérité. En le décrivant comme une combinaison de matière et de forces spécifiquement morales qui appartiendraient à ce monde [...], on fausse tout[2] ». D'un point de vue purement philosophique, les essais de 1929 ne disaient pas autre chose, lorsque Simone Weil soutenait qu'il ne fallait pas accorder à un « cours du monde » ce qui n'advient que par l'esprit qui conçoit et le travailleur qui entreprend. C'est pourquoi la notion de causalité était jugée ambiguë ; par elle, en effet, nous rapportons au cours de la nature seule ce que nous éprouvons comme loi qui nous est imposée, à nous seulement, en tant qu'esprit qui conçoit un projet et en tant que travailleur qui l'accomplit[3].

Dans les textes philosophiques de 1933-1934, Simone Weil considère que le matérialisme est faussé en pragmatisme et en mythologique lorsqu'il cherche à rendre compte de ce qui oppose l'homme à la

1. *Id.*
2. OL, p. 232.
3. Cf. OC I, p. 146 *sq.*, 156 *sq.* et 329-330.

matière, c'est-à-dire l'esprit qui saisit la nécessité. Mais qu'est-ce que l'esprit qui saisit la nécessité ? Depuis les premiers écrits philosophiques, précisément, ce n'est pas uniquement l'esprit qui conçoit la « nécessité abstraite », mais c'est l'esprit qui maîtrise la « nécessité réelle » par le travail[1]. C'est ainsi que, fidèle à ses principes d'une philosophie du travail, Simone Weil définira la véritable synthèse du matérialisme et de l'idéalisme amorcée chez Marx. Cette synthèse fait apparaître la réalité « au contact de la pensée et du monde, dans l'acte par lequel l'homme pensant prend possession du monde[2] ». Idée présente dès les premiers écrits philosophiques dans lesquels l'épreuve de la nécessité était déterminée en travail parce que le travail est cet événement au cours duquel un projet rencontre une extériorité. Cette épreuve est celle du réel[3]. « Si l'on fait, dit Simone

1. *Ibid.*, p. 377.
2. OC II, 1, p. 306.
3. *Ibid.*, p. 374 *sq.* La formule « La philosophie du travail, c'est le matérialisme » (OC I, p. 378) prend tout son sens quand on lit ce qui suit : « L'action qui rencontre un obstacle nous donne la matière [...]. Tout est matière, sauf la pensée, qui saisit la nécessité. Le matérialisme n'est pas concevable sans la notion d'esprit » (*ibid.*, p. 378-379). Explications semblables à celles qui sont données dans les *Réflexions sur les causes de la liberté...* et dans les textes de 1943 (cf. OL, p. 223). Si le terme « matérialisme » désigne la philosophie de l'activité qui donne la matière, la philosophie du travail est le matérialisme. Si « matérialisme » veut dire que la matière physique est dotée d'une puissance inhérente qui la rend capable d'activité, la part de l'esprit est ignorée et ce matérialisme ne peut être la philosophie du travail.

Weil en 1933, de l'homme tout entier un simple produit de la nature [et] de la pensée un simple reflet[1] », on méconnaît cette part de l'activité surnaturelle – de la part de l'esprit agissant, antagoniste de la nature – qui exerce une activité libre et méthodique.

De la conception matérialiste qui peut et qui doit tout expliquer, sauf l'esprit qui comprend et qui maîtrise la matière en travaillant[2], à la conception d'un matérialisme qui peut et doit tout expliquer, sauf le surnaturel qui agit, qui opère « décisivement, mais secrètement[3] », on franchit un seuil, certes, mais la direction ne change pas. Dans une perspective philosophique, le matérialisme peut tout expliquer sauf la force du surnaturel agissant de façon décisive et silencieuse. C'est-à-dire que la spiritualité authentique, loin de faire reculer le véritable matérialisme – et ce qu'il y a de véritablement matérialiste chez Marx –, loin d'en diminuer l'importance, étend au contraire son domaine. Comme si le passage à une perspective spirituelle élargissait les vertus d'un matérialisme capable d'envelopper l'analyse de tout ce qui n'est pas surnaturel, le fonctionnement de l'esprit humain étant compris dans son champ d'investigation. L'esprit – antagoniste de la nature, de la matière et de la nécessité – s'élevant « hors du monde », ce qui était vrai de l'esprit humain agissant en

1. OC II, 1, p. 374 *sq.*

2. Voir la citation tirée de OC I, p. 378-379, dans la note 3 de la p. 71.

3. OL, p. 253.

maîtrisant le monde est étendu, avec une puissance supérieure, décisive bien que secrète, au surnaturel capable d'agir en ce monde. Le matérialisme de Marx apparaît à la fois légitimé dans sa source et trop borné par rapport aux dimensions possibles dans lesquelles il pourrait étendre son pouvoir d'explication. C'est finalement la perspective spirituelle qui va faire comprendre ce qui a le plus de valeur chez Marx, justifiant la remarque selon laquelle « pour un chrétien, les écrits de Marx sont bien plus précieux que ceux [...] des Encyclopédistes, qui trouvaient moyen d'être athées sans être matérialistes [1] ». Les « fragments compacts, inaltérables de vérité [qui] ne sont pas seulement compatibles avec le christianisme, mais infiniment précieux pour lui [2] », ce sont les fragments de pur matérialisme contenus dans la pensée de Marx qui « doivent être repris à Marx [3] ». Toutefois, en ignorant « la part du surnaturel ici-bas [4] », il ne pouvait que méconnaître l'extension possible de sa méthode matérialiste. C'est bien ce que développe Simone Weil en 1943, dans *Y a-t-il une doctrine marxiste ?*, développement qui trouve sa condition de possibilité non dans une rupture avec

---

1. *Ibid.*, p. 232-233. L'insuffisance d'une classification de la philosophie de Simone Weil dans le « platonisme chrétien » apparaît nettement dans cet appel à une nécessaire intégration dans la spiritualité de ce qu'il y a de véritablement matérialiste chez Marx.
2. *Ibid.*, p. 225.
3. *Id.*
4. *Ibid.*, p. 230.

ses premiers écrits philosophiques et avec le matérialisme de Marx, mais dans leur approfondissement. Une page de ce texte inachevé développe parfaitement cette extension et ce bon usage que trouve le matérialisme grâce au franchissement du seuil spirituel. Retenons par exemple que, « parmi toutes les formes de matérialisme, l'œuvre de Marx contient une indication extrêmement précieuse, quoiqu'il n'en ait guère fait un usage réel [...]. C'est la notion de matière non physique. Marx, regardant avec raison la société comme étant en ce monde le fait humain primordial, n'a fait attention qu'à la matière sociale ; mais on peut considérer de même, en second lieu, la matière psychologique [1] ». Il ne s'agit pas d'un matérialisme réducteur uniformisant différents domaines, il s'agit au contraire, d'une extension, *sous certaines conditions*, de l'usage légitime de la notion de *matière*, comme le montre ce commentaire : « L'idée est celle-ci [...]. Il y a sous tous les phénomènes d'ordre moral, soit collectifs, soit individuels, quelque chose d'analogue à la matière proprement dite. Quelque chose d'analogue ; non pas dans la matière elle-même [2]. » Analogie qui est ainsi développée : « Les pensées sont soumises à un mécanisme qui leur est propre. Mais c'est un mécanisme. Quand nous pensons la matière, nous pensons un système mécanique de forces soumises à une aveugle et rigoureuse nécessité [3]. » Sous la notion de matière,

1. *Ibid.*, p. 233.
2. *Id.*
3. *Id.*

on trouve développée, autant qu'elle peut l'être grâce au point de vue spirituel, la notion de nécessité réelle, tellement importante dès les premiers écrits philosophiques. Dans son cours du Puy, en 1931-1932, Simone Weil affirmait que « le réel et la nécessité, c'est la même chose[1] ». Dans un fragment écrit à Londres, en 1943, elle confirme : « Tout ce qui est réel est soumis à la nécessité[2]. » C'est pourquoi elle rend hommage à Marx d'avoir entrevu une méthode matérialiste pour étudier la société, seule méthode capable de fournir « une vue claire de la nature des nécessités sociales[3] ».

Le réel et la nécessité

On ne voit jamais assez grand lorsqu'on prospecte l'empire de la nécessité, et l'on n'est jamais assez matérialiste lorsqu'on veut étudier la réalité. C'est ainsi que « la misère de notre condition soumet la nature humaine à une pesanteur morale qui la tire continuellement vers le bas [...]. Comme la pesanteur proprement dite, elle a ses lois » ; et Simone Weil insiste : « Au moment où on les étudie, on ne saurait être trop froid, trop lucide, trop cynique. En ce sens, dans cette mesure, il faut être matérialiste[4]. »

1. OC I, p. 376.
2. OL, p. 234.
3. OC II, 1, p. 316.
4. OL, p. 218.

Les phénomènes moraux ne sont pas régis par l'arbitraire, ils sont « soumis à la nécessité », à une « nécessité spécifique[1] », comme tout ce qui est réel. Cette nécessité est « seulement plus difficile à connaître[2] ».

La part du surnaturel ici-bas, dans son intervention silencieuse, infiniment petite et décisive, cette part du surnaturel échappe-t-elle à la loi du réel qu'est la nécessité ? La réponse est sans ambiguïté : « Ceux qui croient que le surnaturel, par définition, opère d'une manière arbitraire et qui échappe à notre étude le méconnaissent comme ceux qui en nient la réalité[3]. » Nier que « l'influence du surnaturel sur les sociétés humaines [puisse] sans doute aussi être étudiée[4] » comme une forme spécifique de nécessité, cela revient à nier la réalité du surnaturel : « La véritable connaissance de la mécanique sociale implique celle des conditions auxquelles l'opération surnaturelle d'une quantité infiniment petite de bien pur, placée au point convenable, peut neutraliser la pesanteur[5]. » Pour entrer dans cette connaissance et décrire l'intervention surnaturelle sur les sociétés, il ne faut pas récuser le matérialisme, il faut au contraire saisir la force surnaturelle dans ce qu'elle a de réel, c'est-à-dire selon les lois de cette nécessité spécifique qui la font agir en ce monde. C'est ainsi

1. *Ibid.*, p. 234.
2. *Id.*
3. *Ibid.*, p. 219.
4. *Id.*
5. *Ibid.*, p. 218.

que l'écart qui sépare la spiritualité de Platon du matérialisme se révèle comme « un infiniment petit[1] », car entre le véritable matérialisme et la spiritualité authentique, il n'y a aucune contradiction réelle, il y a seulement un paradoxe pour l'intelligence humaine, qui a du mal à reconnaître, dans sa réalité, la part du surnaturel ici-bas. Une fois reconnue « la possibilité d'exceptions opérées par l'intervention surnaturelle de la grâce[2] », il n'y a aucune peine à résoudre les contradictions que l'on trouve chez Marx. Ainsi, « l'idée que la faiblesse comme telle, demeurant faible, peut constituer une force[3] », idée si absurde lorsque Marx veut faire du prolétariat opprimé le sujet victorieux de la révolution, cette idée trouve son sens et sa justification, à condition d'admettre qu'il s'agit « d'une force d'une tout autre espèce que celle qui est maniée par les forts ; c'est une force qui n'est pas de ce monde, qui est surnaturelle[4] ». Le raisonnement de Marx n'est pas absurde parce qu'il accorderait à une faiblesse la capacité d'être forte ; Marx a bien senti une vérité inaltérable quand il a « admis cette contradiction d'une faiblesse forte[5] ». Cependant, telle que Marx la comprend et l'utilise, dans les limites de la seule nécessité sociale, cette contradiction est réellement absurde. Tandis

1. OL, p. 230.
2. *Ibid.*, p. 238.
3. *Ibid.*, p. 253.
4. *Id.*
5. *Ibid.*, p. 254.

que si l'on admet la possibilité d'intervention réelle du surnaturel selon une nécessité spécifique qui lui permet d'opérer décisivement sur la nécessité sociale, on admet ce qui « seul rend la contradiction légitime[1] ». Une telle contradiction peut être à la fois paradoxale pour l'intelligence humaine et *réellement* légitime.

Les contradictions dans la pensée de Marx ne sont pas signes d'erreur mais de vérité, comme le sont quelquefois les contradictions[2]. Si les contradictions admises par Marx ne sont pas, chez lui, sources de vérité (mais seulement signes, *pour d'autres que lui*), c'est que Marx fait un usage illégitime de la contradiction, usage qui « consiste à accoupler des pensées incompatibles comme si elles étaient compatibles[3] ». L'usage légitime consiste d'abord à « épuiser toutes les ressources de l'intelligence pour essayer d'éliminer au moins l'une des deux pensées[4] ». Tel est le rôle limité de l'intelligence humaine. Si l'intelligence échoue, il faut « reconnaître la contradiction comme un fait[5] », et il faut « s'en servir [...] comme d'une pince[6], pour entrer par elle en contact direct avec le

1. *Id.*
2. Ainsi que l'écrit Simone Weil dans OL, p. 208 et 228.
3. *Ibid.*, p. 228.
4. *Id.*
5. *Id.*
6. La notion de « pince » se trouve chez Alain, qui écrit par exemple qu'il n'a « jamais pris les idées que comme des instruments, [...] des pinces, pour saisir les objets de l'expérience » (*Les Arts et les Dieux*, Gallimard, « Bibliothèque de la Pléiade », 1958, p. 59).

domaine transcendant de la vérité inaccessible aux facultés humaines[1] ». La dialectique est un usage de la contradiction *par la pensée et pour la pensée*, sans transposition de cette contradiction dans les choses elles-mêmes. Il n'y a pas de dialectique de la nature, pas de dialectique de la matière, donc pas de « matérialisme dialectique » possibles[2]. Le bon usage de la contradiction ne consiste pas, pour l'intelligence humaine, à saisir conceptuellement une essence de la chose, essence qui serait elle-même conceptuelle. L'objectivité d'une telle dialectique nous plongerait dans un schéma hégélien, un mauvais usage de la dialectique[3]. L'usage légitime de la contradiction est l'usage qu'en faisait Platon[4], qui « nommait dialectique le mouvement de l'âme qui, à chaque étape, pour monter au domaine supérieur, s'appuie sur les contradictions irréductibles du domaine dans lequel elle se trouve[5] ». La contradiction est « l'unique instrument de la pensée qui s'élève[6] » et non l'essence de la nécessité réelle, de la matière, qu'elle soit naturelle, sociale ou psychique. La puissance de la contra-

1. OL, p. 228.

2. « Ce mot [dialectique] accouplé à celui de "matérialisme" révèle aussitôt l'absurdité » (OL, p. 250).

3. Si Marx n'a pas senti l'« absurdité » du matérialisme « dialectique », c'est « qu'il n'a pas emprunté le mot aux Grecs, mais à Hegel, qui déjà l'employait sans signification précise » (*id.*).

4. Cf. *ibid.*, p. 208-209, 228 et 248 *sq.*

5. *Ibid.*, p. 248-249.

6. *Ibid.*, p. 208.

diction, c'est la puissance de la *pensée* en tant qu'elle est discursive, la puissance de mener à l'aporie. La « contradiction comme un fait », il faut s'en servir pour qu'elle nous conduise où nous ne *pensions* pas aller parce que nous ne pouvons pas penser, grâce à *notre intelligence*, où nous allons : « Le contact est direct, quoiqu'il se fasse par un intermédiaire, de même que le sens du toucher est directement affecté par les rugosités d'une table sur laquelle on promène, non pas la main, mais un crayon. Ce contact est réel, quoique étant au nombre des choses qui, par nature, sont impossibles, car il s'agit d'un contact entre l'esprit et ce qui n'est pas pensable. Il est surnaturel, mais réel[1]. » L'image du crayon rappelle celle du bâton de l'aveugle chez Descartes, image dont se sert Simone Weil dans son diplôme d'études supérieures[2]. La continuité est remarquable là encore, du plan philosophique des premiers écrits au plan spirituel des derniers textes. Car, dans le DES, la perception consistait à interpréter les impressions comme signes de cette présence extérieure à nous qu'est le monde. La vraie lecture consistait à percevoir les impressions comme des intermédiaires pour saisir l'objet extérieur, donc à interpréter les impressions comme signes d'obstacles qui permettent d'agir méthodiquement. Le bâton est un outil de perception permettant à l'aveugle de palper directement les choses, « comme si son bâton était sensible et faisait

1. *Ibid.*, p. 228.
2. Cf. OC I, p. 210-211.

partie de son corps[1] ». Selon la manière dont il fait glisser ou appuie son bâton, l'aveugle obtient des obstacles, la distance entre les objets ou sa distance à l'objet. De la même façon, la contradiction est utilisée comme un outil d'aperception permettant de prendre contact avec le surnaturel. Le bâton est ce qui supplée au défaut de vision, et permet à l'aveugle de toucher l'objet *comme* il le verrait, car le toucher est directement au bout du bâton, bien que le bâton soit un intermédiaire. De même, la contradiction supplée au défaut de l'intelligence humaine, qui est incapable de saisir le « domaine transcendant de vérité[2] », en permettant d'éprouver la réalité du surnaturel *comme* l'intelligence la saisirait. L'intelligence humaine ne peut être au surnaturel ce que la vision serait à l'objet vu, mais la contradiction peut être à la réalité du surnaturel ce que le bâton de l'aveugle est à la chose touchée. Contact réel, pourtant, « au nombre des choses qui par nature sont impossibles[3] », comme la vision du monde est interdite à l'aveugle ; cependant, il peut toucher le monde *comme* il le verrait. Le surnaturel reste pour l'intelligence humaine ce qu'est le monde de la vision pour l'aveugle : « Il est surnaturel, mais réel. » Ce qui est surnaturel par défaut d'intelligence est réel par contact, grâce à la contradiction, comme ce qui est irréel par défaut de vision devient réel par le toucher, grâce au bâton.

1. *Ibid.*, p. 210.
2. OL, p. 228.
3. *Id.*

Ainsi est récusé le matérialisme dialectique, qui ignore que la contradiction n'est, pour l'esprit, qu'un moyen d'*éprouver* la présence de ce qu'il ne peut pas saisir, en attendant d'accéder à une connaissance surnaturelle. Cette connaissance serait, par rapport au contact avec la « transcendance de la vérité » que permet la contradiction, ce qu'est le travail par comparaison avec la perception du monde que permet le bâton.

La corrosion de l'ordre

L'extension de la méthode matérialiste permet finalement d'échapper à une ultime contradiction du marxisme. Marx avait, grâce à sa méthode, fourni une vue si lucide du règne de la nécessité qu'il n'y avait trouvé que de quoi désespérer. Reculant devant les conséquences du règne de la force dans la matière sociale, si aveugle et oppressive, Marx donna un coup de pouce à la fois à son matérialisme et à son idéal de justice afin de les rendre commensurables. Marx a donc changé à plusieurs reprises de direction en rendant stériles à la fois sa philosophie du travail, sa méthode matérialiste, sa conception de l'oppression et son idéal de justice. Simone Weil ne change pas de direction dans son matérialisme, qu'elle approfondit ; mais en étudiant le domaine d'investigation légitime du matérialisme, il s'agit également de fonder l'espérance, sans changer de direction dans son idéal de justice, c'est-à-dire dans sa conception du bien. Les textes écrits en 1943 développent en effet cette idée qu'« il y a une unité entre la nécessité et le bien, autrement dit entre la réalité et le bien, hors de ce monde[1] ». Or, dès 1934, on trouve l'idée exprimée en termes analogues, mais dans une perspective philosophique. Dans les *Réflexions sur les causes de la liberté...*, par exemple, dans lesquelles on peut lire : « La notion de progrès est indispensable à quiconque cherche à forger d'avance l'avenir, mais elle ne peut qu'égarer l'esprit quand on étudie le passé. Il faut alors y substituer la notion d'une échelle des valeurs conçue en dehors du temps[2]. » En 1937, Simone Weil écrit que « tout effort de pensée, tout effort d'amour est corrosif pour l'ordre », car pour autant que la pensée « construit sans cesse une échelle des valeurs qui n'est pas de ce monde, elle est l'ennemie des forces qui dominent la société[3] ». Cela signifie que, pour aller dans la même direction, en restant cohérent dans son matérialisme et cohérent dans sa perception du bien, pour ne pas fausser le matérialisme et l'idéal en proposant des conciliations précipitées, *il faut franchir des seuils.* Pour que le matérialisme soit porté au plus haut, il faut découvrir ce qui le limite réellement. Mais ce qui limite étant aussi ce qui permet l'extension, la

1. *Ibid.*, p. 209.
2. OC II, 2, p. 86-87.
3. *Ibid.*, p. 132.

solution aux contradictions du marxisme passe par ce que Kierkegaard appelait une « dialectique qualitative des sphères », dialectique qui donne à chacune son extension maximale sans confusion arbitraire des niveaux, sans fausser chaque sphère par la précipitation dans la conciliation. La précipitation revient à surmonter les contradictions entre sphères par la genèse conceptuelle d'une totalité permettant de les réduire ou de les englober. Le point de vue spirituel n'est ni réducteur ni englobant, mais il est un facteur d'ordre, dans la mesure où il jette le plus de lumière possible, sans faire disparaître les ombres pour notre intelligence, alors que la dialectique, dans son usage illégitime, prétend tout éclairer conceptuellement. Loin de rompre avec la forme matérialiste du point de vue philosophique antérieur, le franchissement d'un seuil spirituel permet de donner toute sa place au matérialisme, dans la perspective la plus élevée de l'échelle des valeurs. Loin de conduire à une conciliation précipitée et abstraite, le franchissement du seuil spirituel révèle l'écart qui existe entre la nécessité et le bien, leur unité « hors de monde » restant une « pensée incompréhensible » par notre intelligence[1].

La connaissance surnaturelle permettrait-elle de surmonter cet écart ? L'examen de la « logique de la raison surnaturelle[2] » n'entre pas dans le cadre de

1. OL, p. 209.
2. CS, p. 56.

notre étude. Mais si nous avions à faire cet examen, il ne faudrait pas oublier que la philosophie de Simone Weil est – sans rupture ni reniement là non plus – une philosophie de la « condition humaine [1] », c'est-à-dire une philosophie de l'*épreuve*. Épreuve des lois de la nécessité réelle dans le travail, épreuve des lois de la « mécanique spirituelle », « lois aussi rigoureuses » que celles de l'autre mécanique [2], mais aussi *épreuve* au sens de l'expérience du malheur. Expérience centrale de la « condition humaine », puisque la minutie mise par Simone Weil à repérer et à agencer des passages entre les différentes sphères d'épreuves n'aboutit jamais à la compréhension de ce paradoxe qu'est l'opération du surnaturel ici-bas, si décisive, mais si « secrète, silencieuse, presque invisible [3] ». Certes, « par ce paradoxe s'accomplit la sage persuasion dont parle Platon, cette persuasion au moyen de laquelle la providence divine amène la nécessité à orienter la plupart des choses vers le bien [4] ». L'écart reste tel, cependant, entre la nécessité et le bien, et leur unité « hors du monde » reste à ce point obscure à l'intelligence que Simone Weil écrira, l'année de sa mort, à Maurice Schumann : « J'éprouve un déchirement qui s'aggrave sans cesse, à la fois dans l'intelligence et au centre du cœur, par

1. « La condition humaine, mot d'une ambiguïté admirable » (*ibid.*, p. 157).
2. *Ibid.*, p. 253.
3. OL, p. 217.
4. *Ibid.*

l'incapacité où je suis de penser ensemble dans la vérité le malheur des hommes, la perfection de Dieu et le lien entre les deux[1]. » Elle ajoute, pourtant : « J'ai la certitude intérieure que cette vérité, si elle m'est jamais accordée, me le sera seulement au moment où je serai moi-même physiquement dans le malheur, et dans une des formes extrêmes du malheur présent[2]. »

1. EL, p. 213.
2. *Ibid.*

4

Le pont, le seuil, la porte : trois images de la médiation chez Simone Weil

par Patricia Little

Dans l'interprétation que donne Simone Weil du mythe de la Caverne chez Platon, l'homme dans sa condition naturelle est privé de toute perception directe du Bien, puisqu'il vit dans un monde d'ombres où ne sont visibles que des reflets. Il est enchaîné de sorte qu'il ne peut pas se déplacer pour aller chercher la réalité derrière les reflets, et il est ainsi amené à croire que les reflets constituent la réalité et sont objets légitimes de son amour. Mais si, grâce à l'inspiration ou au témoignage de ceux qui ont réussi à quitter la caverne pour voir le soleil dehors, il se rend compte qu'il existe quelque chose de meilleur que les images qu'il a devant les yeux, il prend alors le chemin pénible qui mène hors de la caverne, et se libère ainsi de ses chaînes. Le monde de la caverne et le soleil au-dehors représentent pour Simone Weil deux domaines totalement opposés, le naturel et le surnaturel, et la montée de l'un jusqu'à l'autre ne se fait pas automatiquement. « Pour le passage des ténèbres à la contemplation du soleil, il faut des intermédiaires, des *metaxu*[1]. »

Cette perspective platonicienne, Simone Weil l'a faite sienne : son œuvre est parsemée de notions de changement de niveau, de rupture, de passage d'un état à un autre, que ce soit dans le domaine intellectuel ou spirituel. Parfois c'est une méthode dans le domaine de la pensée, parfois une façon d'affirmer l'altérité absolue de Dieu, la distance entre ce Dieu qu'elle nomme si souvent, suivant Platon, le Bien, et la nécessité qui est le domaine de l'humain. Elle en fait la base de sa mystique, en ce sens que, bien qu'elle dise avoir été prise par le Christ, c'était quelque chose de totalement inattendu, l'irruption d'un domaine qui lui était complètement étranger : son rôle dans l'expérience se limitait au désir et à l'attente. Toujours méfiante à l'égard de l'effort musculaire en ce qui concerne l'esprit, elle considère que l'attente et la contemplation de limites sont plus propres à « faire descendre » la solution de n'importe quel problème : « Quand quelque chose semble impossible à obtenir, quelque effort que l'on fasse, cela indique une limite infranchissable à ce niveau, et la nécessité d'un changement de niveau, d'une rupture de plafond ; ainsi s'épuiser en efforts à ce niveau dégrade. Il vaut mieux accepter la limite, la contempler, et en savourer toute l'amertume[2]. »

C'est un principe qui semble s'appliquer qu'il

1. SG, p. 106.
2. C I, p. 180.

s'agisse du domaine strictement intellectuel ou de celui, pour elle non moins rigoureux, des affaires spirituelles. Elle le dit très précisément, d'ailleurs, dans un passage qui commence par la notion, apparemment toute mathématique, de la corrélation des contraires, mais qui se termine par la descente de Dieu. Je cite :

« Les corrélations de contraires sont comme une échelle. Chacune nous élève à un plan supérieur où habite le rapport qui unit les contraires. Jusqu'à ce que nous parvenions à un endroit où nous devons penser ensemble les contraires, mais où nous ne pouvons pas avoir accès au plan où ils sont liés. C'est le dernier échelon de l'échelle. Là, nous ne pouvons plus monter, nous devons regarder, attendre et aimer. Et Dieu descend[1]. »

Et Simone Weil d'ajouter : « Il en est ainsi pour la pensée et pour l'action, pour le vrai et pour le bien. »

Cette coupure radicale entre ce qui est purement humain et ce qui est au-delà de l'humain, quelle que soit la façon dont on l'exprime, et le passage entre les deux sont ainsi de première importance chez Simone Weil. Mais le lieu de rencontre des deux est aussi lieu de séparation, et pour que le passage se fasse, il faut un élément qui, partageant les qualités des deux domaines, permette un accès autrement interdit. Avec son instinct de poète, Simone Weil crée tout un faisceau d'images pour traduire cet élément. Elle

1. C III, p. 25.

avait un sens presque médiéval des signes et des symboles inscrits dans l'univers : selon elle, Dieu, le suprême poète, nous a laissé des traces, qu'il suffit de pouvoir lire. La matière est parfaitement pure[1], parfaitement docile[2], et nous parle sans faire écran.

Trois images

Parmi les nombreuses images de la médiation utilisées par Simone Weil, j'en choisirai trois qui, à mon avis, forment un ensemble, et qui semblent illustrer la façon dont elle prend quelque chose de relativement connu, voire banal – elle ne cherchait jamais l'originalité ni dans ce domaine ni dans d'autres –, pour lui conférer un sens tout particulier. Telle est l'image du pont, chose bien matérielle, construite par l'homme pour permettre un passage là où celui-ci s'avérerait autrement difficile ou impossible. Pour Simone Weil, le pont est une image pour toute activité humaine qui, du fait de sa transparence, nous fournit un chemin vers le transcendant. Elle énonce les trois positions que l'on peut prendre envers l'activité dans le monde : « On ne peut prendre que l'un des trois partis : Ou abandonner Dieu. Ou abandonner toute activité [...] Ou faire de toute activité, sans exception [...] un pont vers Dieu[3]. »

---

1. PSO, p. 97-98.
2. CS, p. 89.
3. C II, p. 209.

Selon elle, l'Europe contemporaine a épousé le premier parti ; la Grèce antique a essayé le troisième, mais parce qu'elle ne tenait pas compte du travail manuel, elle périt sous le coup de la société industrielle moderne.

Malgré ce défaut, pourtant, la Grèce reste pour Simone Weil le plus bel exemple d'une société vouée à la construction de ponts. C'était là pour elle l'une des caractéristiques les plus importantes de cette civilisation exemplaire. Et ce sens aigu de la nature précieuse de l'activité humaine fut une conséquence directe de sa connaissance du gouffre qui sépare le divin de l'humain, de la révélation de la misère humaine, de la transcendance de Dieu, de la distance infinie entre Dieu et l'homme.

« Hantée par cette distance, la Grèce n'a travaillé qu'à construire des ponts. Toute sa civilisation en est faite. Sa religion des mystères, sa philosophie, son art merveilleux, cette science qui est son invention propre et toutes les branches de la science, tout cela, ce furent des ponts entre Dieu et l'homme[1]. »

La seule autre civilisation qui s'approcha de la Grèce à cet égard fut la civilisation provençale du XIIe siècle. Dans une note des *Cahiers* sur cette civilisation, elle explique de façon lumineuse sa conception du rôle du temporel, ce temporel qui n'a de sens que par et pour le spirituel, mais n'étant pas mélangé de spirituel. Y menant par nostalgie, par

1. EHP, p. 77.

dépassement. C'est le temporel comme pont. C'est la vocation grecque et provençale[1].

Paradoxalement, le temporel accomplit donc sa vocation spirituelle quand il reste temporel, quand on n'essaie pas d'y mélanger une dimension spirituelle.

Ce sont là pourtant des choses que nous ne comprenons guère à notre époque ; selon Simone Weil, nous avons hérité de ces ponts, mais nous ne savons plus quoi en faire : « Nous croyons maintenant qu'ils sont faits pour y habiter. Nous ne savons pas qu'ils sont là pour qu'on y passe ; nous ignorons, si l'on y passait, qui l'on trouverait de l'autre côté[2]. »

Nous nous enlisons ainsi dans le matériel, trop occupés des peines et des jouissances qui se présentent quotidiennement à nous, oubliant l'autre rive qui est pourtant si près.

Voici donc une image révélatrice de ce passage médiateur qui fut le souci constant de Simone Weil. C'est une image active en quelque sorte, en ce que l'homme est appelé à faire quelque chose, à passer d'une rive à l'autre. D'autres images sont plus passives, se rapportant moins à la vie active qu'à l'expérience mystique. Tel est son usage du seuil, image qui remonte très loin dans l'histoire de la conscience humaine, comme nous l'indique Mircea Eliade dans son étude du contraste entre l'espace sacré et l'espace profane : « Le seuil qui sépare les deux espaces indi-

1. C III, p. 66.
2. EHP, p. 77.

que en même temps la distance entre les deux modes d'être, profane et religieux. Le seuil est à la fois la borne, la frontière qui distingue et oppose deux mondes, et le lieu paradoxal où ces mondes communiquent, où peut s'effectuer le passage du monde profane au monde sacré. »

Simone Weil se sert de l'image du seuil d'abord pour expliquer au père Perrin sa position vis-à-vis de l'Église catholique en tant qu'institution. Dans la lettre qu'elle lui a écrite, et qu'on a nommée autobiographie spirituelle, elle parle du point où elle se trouve depuis la naissance, à l'intersection du christianisme et de tout ce qui n'est pas lui : « Je suis toujours demeurée sur ce point précis, au seuil de l'Église, sans bouger, immobile[1]. »

Mais le plus souvent, ce seuil se trouve entre un état « profane » et un au-delà spirituel, quoique le sens d'attente immobile qui est présent dans sa réflexion sur sa position à l'égard de l'Église se retrouve partout. C'est une caractéristique de son expérience mystique, et d'ailleurs de la mystique en général : c'est là un état que l'on ne peut pas contraindre ; l'âme y est essentiellement passive. Le seuil est un repère critique sur le chemin vers la connaissance du divin, où les facultés naturelles ne sont plus d'aucun secours et où l'âme doit attendre pour que la grâce descende lui ouvrir la porte. Elle l'indique de façon très nette dans une note écrite dans les derniers mois de sa vie : « Le passage au

1. AD, p. 44-45.

transcendant s'opère quand les facultés humaines – intelligence, volonté, amour humain – se heurtent à une limite, et que l'être humain demeure sur ce seuil, au-delà duquel il ne peut pas faire un pas, et cela sans s'en détourner, sans savoir ce qu'il désire et tendu dans l'attente[1]. »

Les deux seuils

Elle rappelle dans la note suivante le mythe platonicien de la caverne que nous avons déjà évoqué, où la grâce répond de nouveau au désir et à l'attention : « Quand on a atteint [...] la limite de l'attention, fixer le regard de l'âme sur cette limite avec le désir de ce qui est au-delà. (N'est-ce pas le seuil de la Caverne ?) La grâce fera le reste. Elle fera monter et sortir[2]. »

Ici encore, l'âme est passive ; elle ne peut qu'attendre sur le seuil et désirer ce qui se trouve de l'autre côté, même si elle ne sait pas ce que c'est. Le terme le plus actif dont se sert Simone Weil pour exprimer l'attitude de l'âme sur le seuil est celui de consentement, comme dans cette note sur le sort de Proserpine : « Le seuil, c'est la consommation du grain de grenade, c'est un instant de consentement inconditionné au bien pur[3]. » Parfois Simone Weil semble

1. CS, p. 305.
2. C III, p. 158.
3. *Ibid.*, p. 26.

penser qu'il existe deux seuils, et dans ce cas-là le seuil du consentement en sera le deuxième : « Deux seuils, l'un quand Dieu nous arrache à ce monde, l'autre quand il fait entrer dans notre âme un atome de la joie de l'autre monde. Sauf trahison, ce second seuil est définitif[1]. »

La notion de deux seuils introduit un autre thème de sa mystique, celui de la souffrance, qui semble être un élément incontournable dans le passage du naturel au surnaturel. Le moment entre les deux seuils, quand les liens avec le monde ont été rompus mais que l'union avec le divin n'est pas encore accomplie, est comme la « nuit obscure de l'âme », comme elle l'appelle ailleurs, suivant saint Jean de la Croix : la souffrance subie par l'âme qui se sent abandonnée par le naturel comme par le surnaturel. De nouveau elle évoque Platon pour exprimer cette ankylose de l'âme qui sait qu'elle doit marcher, mais qui a perdu l'usage de ses membres : « Les deux seuils sont dans la Caverne de Platon : chute des chaînes avec mise en mouvement du corps, entrée dans la lumière[2]. »

Notre troisième image, celle de la porte, reprend beaucoup des caractéristiques des deux premières, mais présente un intérêt particulier en ce que Simone Weil l'a utilisée comme thème et titre de l'un de ses rares poèmes. La porte exprime toute l'ambiguïté de ces étapes ponctuelles sur le chemin

---

1. C II, p. 299.
2. *Id.*

spirituel : « Ce monde est la porte fermée. C'est une barrière, et en même temps c'est le passage[1]. » On retrouve la même passivité, la même souffrance inévitable avant d'avoir accès au réel que nous avons remarquées dans les autres images. La Croix du Christ devient « la seule porte de la connaissance[2] », ou « la porte vers les profondeurs de la sagesse de Dieu[3] ». Aucun masochisme ici : la souffrance est une façon d'entrer en contact avec l'ordre du monde qui, aimé, devient la beauté du monde, suprême joie. On renonce à sa propre volonté, puisque le détachement seul permet de voir les choses nues, sans mensonge, et qu'il n'y a pas de détachement sans souffrance. C'est pour cela sans doute que Simone Weil parle de « l'impossibilité » comme porte : « L'impossibilité – l'impossibilité radicale, clairement perçue, l'absurde – est la porte vers le surnaturel. On ne peut qu'y frapper. C'est un autre qui ouvre[4]. »

On épuise ses facultés naturelles. Puis on attend.

L'expression la plus soutenue, la plus complète, et certainement aussi la plus belle de cette image demeure son poème *La Porte*, que je cite ici en entier :

Ouvrez-nous donc la porte et nous verrons les vergers
Nous boirons leur eau froide où la lune a mis sa trace.

1. C III, p. 120.
2. *Ibid.*, p. 63.
3. *Ibid.*, p. 175.
4. C III, p. 26.

La longue route brûle ennemie aux étrangers.
Nous errons sans savoir et ne trouvons nulle place.

Nous voulons voir les fleurs. Ici la soif est sur nous.
Attendant et souffrant, nous voici devant la porte.
S'il le faut nous romprons cette porte avec nos coups.
Nous pressons et poussons, mais la barrière est trop forte.

Il faut languir, attendre et regarder vainement.
Nous regardons la porte ; elle est close, inébranlable.
Nous y fixons nos yeux ; nous pleurons sous le tourment ;
Nous la voyons toujours ; le poids du temps nous accable.

La porte est devant nous ; que nous sert-il de vouloir ?
Il vaut mieux s'en aller abandonnant l'espérance.
Nous n'entrerons jamais. Nous sommes las de la voir.
La porte en s'ouvrant laissa passer tant de silence

Que ni les vergers ne sont parus ni nulle fleur ;
Seul l'espace immense où sont le vide et la lumière
Fut soudain présent de part en part, combla le cœur,
Et lava les yeux presque aveugles sous la poussière.

Ce poème est une véritable parabole de l'âme qui a soif de vie spirituelle. Deux éléments en dominent le début : la soif de l'âme et ses préconceptions de ce qu'elle attend. Les images conventionnelles du paradis abondent : les vergers, l'eau froide, les fleurs. Dans sa détresse, l'âme ne peut envisager que le contraire de son état actuel – de sa soif, de la route brûlante, de la poussière dans les yeux. Tant qu'on reste devant la porte fermée, tant qu'on n'a pas fait l'expérience d'autre chose, le surnaturel est littéralement inconcevable. On rappelle la pensée de Simone Weil sur les contraires : « L'existence, c'est le lieu des contraires[1] », mais en même temps : « Ce qui est directement contraire à un mal n'est (peut-être) jamais de l'ordre du bien supérieur. À peine au-dessus du mal, souvent[2]. »

Que fait l'âme face à l'obstacle de la porte, qui semble refuser son désir ? Sa première réaction est de rompre la porte. Mais elle se rend vite compte que cela ne sert à rien, et qu'« il faut languir, attendre et regarder vainement », c'est-à-dire qu'il faut avoir le sentiment de l'inutilité de son attente. L'âme est mise à l'épreuve par ses souffrances physiques – la soif, la sécheresse, la chaleur – mais aussi par le « poids du temps », qui est en quelque sorte un plus grand supplice. Il faut pourtant supporter ce temps qui ne comble pas notre attente, qui n'apporte pas de satisfaction à nos désirs. Le choix des verbes dans cette troisième strophe est significatif : se rapportant tous à la vue, ils indiquent très clairement que l'essentiel pour Simone Weil est de garder les yeux fixés sur le but, à travers toutes ses souffrances, même si

1. C II, p. 285.
2. C I, p. 199.

l'on n'y comprend rien, et qu'on est « las de [...] voir » la porte. « Le regard est ce qui sauve[1] » et le salut s'opère à partir d'une bonne orientation.

Dans la quatrième strophe, l'âme se trouve au plus bas. Mais le « Que nous sert-il de vouloir ? » est volontairement ambigu : l'âme, prête à abandonner, le lance du fond de son désespoir, mais c'est à ce moment-là que, sans le savoir, elle comprend la vérité essentielle, c'est-à-dire qu'il faut avoir épuisé la volonté (naturelle) avant d'avoir accès au surnaturel, qu'il faut aller au bout de ses ressources. La reprise de « voir » à la fin du troisième vers de cette strophe nous avertit pourtant que l'âme a continué à regarder à travers son tourment. Tout est en place donc pour le passage abrupt du quatrième vers quand, contre tout espoir, la porte s'ouvre. Mais en utilisant plutôt un participe présent pour le verbe « ouvrir », Simone Weil fait déplacer l'attention du lecteur sur « laissa passer tant de silence... », et l'on sent ce grand flux de vide qui déferle sur l'âme en attente. La porte elle-même n'a plus aucune importance ; elle a joué son rôle médiateur et peut maintenant laisser la place à ce qui est au-delà.

Et que révèle-t-elle en ouvrant ? En fait, tout à fait le contraire de ce qu'on attendait. Au lieu des vergers et des fleurs tant attendus, il n'y a que le silence, le vide, la lumière. Le silence et le vide sont essentiellement absence de quelque chose, essentiellement négatifs, mais ici ils deviennent positifs au-

1. AD, p. 147.

delà de tout espoir, tandis que la lumière, élément qui permet de voir, est symbole depuis toujours de vérité et de pureté. L'espace immense ne contient pourtant aucun objet particulier ni partiel : c'est l'universel qui est révélé à l'âme prête enfin, à travers la souffrance de l'attente, à le recevoir. La souffrance est rappelée dans le tout dernier vers, souffrance cette fois des yeux – on saisit de nouveau l'importance pour Simone Weil du visuel – pour avoir trop regardé dans un milieu hostile, libres maintenant de voir réellement.

Il me semble que Simone Weil n'a jamais dépassé cette expression de la coupure radicale entre le monde naturel, ce qui est au-delà, et ce qui permet d'avoir accès à cet au-delà. Tant que nous n'en avons pas fait l'expérience, toutes nos idées sur le surnaturel sont nécessairement fausses. Et quant à ce que nous pouvons faire pour provoquer cette expérience, Simone Weil nous enseigne là-dessus que tous nos efforts volontaires, musculaires, sont vains : « La volonté est au niveau de la partie naturelle de l'âme. Le bon exercice de la volonté est une condition du salut nécessaire sans doute, mais lointaine, inférieure, très subordonnée, purement négative. L'effort musculaire du paysan arrache les mauvaises herbes, mais le soleil et l'eau font seuls pousser le blé. La volonté n'opère dans l'âme aucun bien [1]. »

Seules nous restent donc la soif, l'attente, l'orientation du regard. Dans ce poème écrit à Marseille

1. *Ibid.*, p. 148.

vers la fin de sa courte vie, Simone Weil retrouve ainsi la conviction de son adolescence, selon laquelle « n'importe quel être humain, même si ses facultés naturelles sont presque nulles, pénètre dans [le] royaume de la vérité si seulement il désire la vérité et fait perpétuellement un effort d'attention pour l'atteindre[1] ». Et d'ajouter : « Sous le nom de vérité, j'englobais aussi la beauté, la vertu et toute espèce de bien, de sorte qu'il s'agissait pour moi d'une conception du rapport entre la grâce et le désir. »

Pont, seuil, porte : trois images qui expriment à la fois la vocation des choses « d'ici-bas », et notre condition en tant qu'êtres humains d'appartenir à deux mondes distincts, dont l'un nous reste fermé tant que nous nous fions à nos propres capacités. Devant ce bien dont nous sommes convaincus, malgré toutes les apparences, qu'il existe, il n'y a pour Simone Weil qu'une seule attitude qui convienne : il suffit d'attendre sur le seuil, « sans bouger, immobile[2] ».

1. *Ibid.*, p. 34.
2. *Ibid.*, p. 45.

5

Le passage de la personne à l'impersonnel

par Monique Broc-Lapeyre

Simone Weil, alchimiste de l'âme. Ou comment changer le plomb en or. Comment passer d'une âme à l'autre ? Chaque être humain a deux âmes. L'une qu'il ne connaît pas est située au centre de lui-même. Pour la rencontrer, il lui faut sortir de soi. L'autre est celle qu'il sent et pense comme la sienne. La condition humaine est dans cette schizophrénie de l'âme coupée en deux.

La partie que l'homme ne connaît pas est celle qui relie l'âme à Dieu qui est, en elle, l'or du bien pur, impersonnel. L'autre est mélange de bien et de mal, elle n'a pas de réalité, mais elle existe[1]. Faite de tous les mensonges, gonflée de prestige et d'apparences, constituée de toutes les particularités physiques, psychologiques, sociales, elle peut être considérée comme la personne humaine. Ainsi y a-t-il dès le commencement erreur sur la personne. L'homme s'arroge une fausse identité, il se prend

---

1. « Réalité et existence font deux » (CS, p. 280).

pour ce qu'il n'est pas, et il y tient autant qu'à la vie [1].

L'aventure spirituelle s'annonce décidément contre nature, il y faudra se changer l'âme, et passer de l'état de la personne que je crois être à l'état impersonnel où, le *Je* n'étant plus rien, non seulement je n'ai plus rien, mais je ne suis plus rien.

La remise en ordre qu'opère Simone Weil est radicale. La ligne de partage de l'homme ne se fait nullement dans la cohabitation de l'âme et du corps, mais entre l'âme et le corps. Car nous avons vraiment deux âmes, et seulement deux. Ou, plus exactement, l'âme est coupée en deux parties tout à fait inégales. L'une est infinitésimale, l'autre est grosse de tout le reste. On pourrait penser que l'expression si fréquente chez Simone Weil des parties de l'âme lui vient tout droit de Platon qu'elle reconnaît comme authentique maître spirituel. Mais cette partition plurielle si souvent évoquée n'est jamais en fait qu'une bipartition. À lire tous les textes, et ils sont nombreux, où Simone Weil parle des parties de l'âme, elle ne fait toujours mention que de deux. La partie médiocre est celle qui veut vivre à tout prix et qui craint sa mort spirituelle « d'une crainte plus violente que celle causée par l'approche de la mort charnelle [2] ». L'autre partie est, d'une certaine façon,

1. « Nous naissons et croissons dans le mensonge » (EL, p. 202).

2. AD, p. 191.

celle qui ne me concerne plus, elle est celle qui est faite pour Dieu[1].

Les deux âmes

Ainsi, il y a en l'homme une âme à laquelle il identifie sa personne, et ce bien impersonnel qui habite au centre de l'être humain, corps et âme à la fois.

Qu'est-ce qui coupe l'âme en deux ? C'est le glaive de Dieu lui-même. « La présence de Dieu coupe l'âme en deux, le bien d'un côté, le mal de l'autre. C'est un glaive. Rien d'autre n'opère cet effet[2]. »

Mais ici-bas, Dieu est radicalement absent. Le monde est une réalité séparée, autonome et neutre, et l'ordre qui est le sien est celui de l'absolue nécessité. Dieu n'est nulle part en ce monde ; son amour même est cette absence et cependant Dieu est au centre de moi-même. Dieu est en moi le hors de moi. Le *moi* ne peut rejoindre le centre où il est. « Comment aller vers moi ? Chaque pas que je fais me mène hors de moi. C'est pourquoi on ne peut chercher Dieu. Le seul procédé, c'est la renonciation totale à être quelqu'un, le consentement complet à être seulement quelque chose[3]. »

---

1. « La partie charnelle de l'âme qui a besoin de choses variées, doit s'appliquer aux choses variées d'ici-bas. La partie fixe de l'âme, à travers ces choses variées, doit viser le lieu fixe où siège Dieu » (CS, p. 277).
2. *Ibid.*, p. 267.
3. *Ibid.*, p. 223.

Le *moi* ne peut donc ni se rencontrer lui-même, ni chercher Dieu, car tout ce qu'il trouvera ici-bas, en ce monde, n'est pas Dieu. La volonté est hors jeu. Jamais la volonté ne permettra de sortir de soi. Plus on veut, plus on est soi. Reste à désirer n'être plus rien, en se détachant de tout, en prenant modèle sur la matière. Simone Weil formule ici les lois de la « mécanique spirituelle [1] ». Il n'est plus question que de matière et de mathématique. Par son entière passivité, sa pure obéissance à la volonté de Dieu, la matière peut être proposée « comme modèle d'obéissance [2] » : « Passage à la limite. Nous concevons la limite par une opération analogue à la mathématique. Puis certains y passent réellement [3]. » Cette incroyable situation spirituelle, ce choix de devoir n'être plus rien, sans pouvoir le vouloir, et pour trouver Dieu qui n'est nulle part est, en réalité, imposée à l'expérience humaine par le malheur.

Le malheur est ce moyen radical par lequel l'être humain perd son statut de personne, doit traverser toutes les morts – physique, sociale, spirituelle –, et se trouve réduit malgré lui à exister encore sans n'être plus rien. Le malheur a, pour ceux qu'il frappe, la même indifférence aveugle que l'indifférence divine pour les justes ou les injustes sur lesquels il fait briller le soleil. Il a cet effet de dépersonnalisation qui est la condition d'accès au

1. *Ibid.*, p. 253.
2. AD, p. 134.
3. C II, p. 177.

surnaturel puisqu'il métamorphose l'homme en chose.

Mais c'est cela même qui est vécu, pensé et senti comme suprême horreur infligée par le malheur que Simone Weil indique comme la condition du passage à l'impersonnel, la transmutation d'une âme à l'autre, par la grâce du consentement.

Il y a un véritable souci pédagogique de préparation au malheur suspendu au-dessus de tous en ces temps extrêmes. L'apprentissage va exiger une totale destructuration de la sensibilité humaine. Comment devenir chose quand l'homme aspire de toute la force de ses illusions vitales à être quelqu'un ?

Devenir chose sans l'avoir voulu est la définition même du pire malheur. Le malheur n'implique pas seulement la souffrance physique, mais une si complète humiliation que le malheureux en est rendu absolument transparent, ce qui veut dire qu'il ne peut plus être perçu par les autres qui ne le voient pas autrement que comme une chose inerte. Le malheur fait passer le vivant par son propre anéantissement.

La torsion du désir

Tout l'apprentissage spirituel consistera dans une torsion du désir pour pouvoir consentir à n'être que chose. La seule façon pour l'homme, depuis son enfance, de pouvoir exister, c'est d'être aimé. La perte d'amour est l'épreuve du néant, épreuve si douloureuse qu'elle fait pousser le cri de la suprême détresse.

Depuis son apparition dans l'existence, la vie de l'homme est scandée par les signes de l'amour. L'importance accordée par Simone Weil à l'état d'enfance, à la relation d'amour de l'enfant à sa mère n'a pas été soulignée. La frustration ne concerne pas les objets en tant que simple satisfaction du besoin vital de l'enfant mais comme les signes d'amour. Le cri de détresse de l'enfant vient de ce que son mal physique est ressenti comme un mal qu'on lui fait, comme un signe de désamour. Dès l'enfance, l'homme est dans une demande inconditionnelle et indéfinie d'amour. Ce qui déchire l'âme du malheureux, ce n'est pas la douleur éprouvée dans son corps, c'est la pensée qu'on lui fait du mal.

Le cri du fond de l'âme n'est ni revendicatif ni protestataire, il n'est pas personnel. Ce cri du fond de l'âme ne dénonce pas une atteinte à la personne humaine, mais ce qui, en l'homme, est impersonnel. Depuis sa naissance, l'être humain est d'une sensibilité telle qu'il s'attend toujours à du bien, à ce qu'on lui fasse du bien. Cette partie de l'âme, cette part d'enfance, n'est pas personnelle. « Dans toute âme humaine monte continuellement la demande qu'il ne lui soit pas fait de mal. Le texte du *Pater* adresse cette demande à Dieu [1]. » Le Christ lui-même a poussé un cri de détresse dans son abandon sur la Croix.

1. EL, p. 38.

Mais les cris du malheureux ne peuvent pas être entendus. Le malheur qui rend transparent empêche d'être vu et entendu, il est une privation complète de toute possibilité d'être aimé puisqu'il réduit à rien.

Le Christ est celui qui montre la voie. Lui-même ne s'est pas fait homme mais, par la passion, il s'est fait chose. Son amour pour les hommes les incite à cette même transmutation. « Il nous persuade que nous sommes quelqu'un et nous permet ainsi de désirer être seulement quelque chose comme lui[1]. » Être quelqu'un n'est que le passage obligé pour consentir volontairement à n'être plus personne. À tel point que le miracle de la charité qui fait aimer celui qui a été frappé malgré lui par le malheur est de lui permettre par la grâce de l'amour de « redevenir quelqu'un, ne fût-ce que quelques instants, et avoir ainsi une chance, fût-elle minime, de gagner l'éternité en consentant à retomber à l'état de chose[2] ».

Une purification radicale

Si la spiritualité weilienne est d'une exigence extrême, c'est que la purification radicale qu'elle envisage est une terrifiante mise à nu du psychisme humain. Simone Weil n'invite nullement à une élucidation de l'inconscient par un difficile travail d'interprétation des fantasmes. Aucune place n'est laissée

1. CS, p. 223.
2. *Id.*

à la vie fantasmatique, à l'imagination. C'est la philosophie et la mystique la moins idolâtre qui soit. Pour cette accession à un désir absolument purifié de tout imaginaire, une transformation complète de l'affectivité, de la sensibilité humaine, doit être effectuée.

Car l'amour humain est naturellement avide de chair et de sang. Il est nécessaire de passer du cannibalisme et du vampirisme naturels à l'amour impersonnel. Seul le bien pur échappe à toute relation particulière : « Les affections humaines sont des goules. Nous aimons quelqu'un, c'est-à-dire que nous aimons boire son sang[1] », « Nous n'aimons pas un être humain comme une faim mais comme une nourriture. Nous aimons en cannibales[2] », « Amour d'anthropophages[3] ».

L'âme a faim. Seul le bien pur, c'est-à-dire Dieu, peut rassasier cette faim. « Mais la substance de Dieu, au moins au début, ne nourrit qu'un point de l'âme placé tellement au centre que nous ignorons qu'il existe. Le reste de l'âme a faim et voudrait bien manger l'homme[4]. »

Il faut donc affamer l'âme et renoncer à toute nourriture. C'est plus qu'un changement de régime, c'est affamer l'âme jusqu'à la mort, c'est accepter de mourir de faim, puisque ce point central de l'âme que Dieu seul nourrit n'est pas senti, n'est pas

1. *Ibid.*, p. 250.
2. *Ibid.*, p. 249.
3. *Ibid.*, p. 250.
4. *Ibid.*, p. 251.

connu. « On ne peut aimer purement que si on a renoncé à vivre [...]. Car la mort seule nous apprend ce que nous sommes, c'est-à-dire que nous n'existons pas, sinon comme une chose parmi beaucoup d'autres[1]. »

Mais cette terrible ascèse ne prive que de l'imaginaire ; elle ne fait qu'araser nos fantasmes puisque cette acceptation de la mort fait apparaître la réalité. C'est que le sujet tout entier n'est qu'un leurre dérisoire qui nous attache de toute notre énergie à ce qui n'est que mensonge. Le *Je* est constitué par une image, par de l'imaginaire. Cette absolue dénudation, cette mise à mort spirituelle fera passer de l'autre côté. C'est la condition du passage dans la vérité de l'impersonnel, « passer par son propre anéantissement[2] ».

Mais c'est un échange où tout est à gagner, puisque « Dieu m'a créée comme du non-être qui a l'air d'exister afin qu'en renonçant par amour à cette existence apparente, la plénitude de l'être m'anéantisse[3] ». Cependant, tout en moi, ou presque, s'arcboute, résiste de toutes ses forces à la perte de ses illusions vitales, et toute ma sensibilité est horrifiée par cette mort spirituelle autant que le corps par la mort charnelle. La répulsion est instinctive, animale. Ce sera un long apprentissage de désolidarisation affective, de désensibilisation progressive. Il y faudra

1. *Ibid.*, p. 250.
2. *Ibid.*, p. 34.
3. *Ibid.*, p. 42.

« perdre nos sentiments propres[1] » pour laisser passage à un amour qui ne nous concerne plus vraiment car notre âme ainsi consumée, réduite à rien, se niant elle-même, n'est plus que traversée par l'amour de Dieu pour lui-même, ne rencontrant plus le *moi*, la personne, pour faire écran. « Notre *moi* disparaissant doit devenir un trou à travers lequel Dieu et la création se regardent[2]. »

Pour Simone Weil, la personne n'est pas à épanouir, ce ne sont pas ses droits qui sont à protéger. Tout entière faite d'apparences, de prestiges, elle est à tuer. Mais c'est que la personne humaine n'est pas ce qui est sacré en l'homme. C'est l'homme tout entier qui est sacré, non sa personne. Respecter en l'homme la personne est une idéologie qui peut rendre possibles les pires exactions. « Si la personne humaine était (dans ce quelconque passant aux yeux bleus) ce qu'il y a de sacré pour moi, je pourrais facilement lui crever les yeux. Une fois aveugle, il sera une personne exactement comme avant. Je n'aurai pas du tout touché à la personne humaine en lui. Je n'aurai détruit que ses yeux[3]. » Ce qui est sacré en l'homme, « c'est lui tout entier. Les bras, les yeux, les pensées, tout[4] ».

Comme nous le disions, la ligne de partage ne sépare pas le corps de l'âme, sinon pour fabriquer

---

1. AD, p. 139.
2. CS, p. 232.
3. EL, p. 12.
4. *Id.*

cette notion de personne impossible à définir, impossible à penser. Pour ce chemin vers l'impersonnel, le corps est sacré. Dans ce conflit d'âme à âme, c'est lui qui accomplira les actes réels. Il est le médiateur indispensable, la balance, l'arbitre entre la partie de l'âme qui désire la présence de Dieu et celle qui en a horreur dans sa peur panique d'être détruite, « car la partie médiocre de nous-mêmes ne craint pas la fatigue et la souffrance, elle craint d'être tuée[1] ».

La souffrance du corps est inséparable du malheur, mais elle ne le constitue pas. Elle est seulement le critère de la réalité du malheur, car elle contraint l'âme à admettre ce qu'elle cherche à fuir par tous les moyens. Elle supprime toute échappatoire, forçant à considérer ce mécanisme aveugle, plus horrible que la mort car il signifie qu'« il n'y a rien à aimer[2] ».

Le piège social

Reste le pire des pièges, celui qui peut donner l'illusion complète de l'accès à l'impersonnel, parce qu'il en est le double diabolique, le simulacre parfait, où le rêve d'une âme enfin réunifiée, apaisée, semble réalisé. « Ce piège des pièges presque inévitable est le piège social. Partout, toujours, en toute chose, le sentiment social procure une imitation parfaite de la foi, c'est-à-dire parfaitement trompeuse. Cette imita-

1. AD, p. 193.
2. *Ibid.*, p. 127.

tion a le grand avantage de contenter toutes les parties de l'âme[1]. Celle qui désire le bien croit être nourrie. Celle qui est médiocre n'est pas blessée par la lumière. Elle est tout à fait à l'aise. Ainsi, tout le monde est d'accord. L'âme est dans la paix[2]. » Mais le Christ n'est pas venu apporter la paix dans l'unité de l'âme. Son glaive la coupe en deux. Le danger social est le risque majeur de perdition, par la confusion possible entre le collectif et l'impersonnel que Simone Weil dénonce avec véhémence. « Il n'y a pas de passage du collectif à l'impersonnel[3]. » Le collectif est une parodie, une fausse imitation du sacré. Les personnalités sont bien dissoutes dans la collectivité. Pour devenir membres d'un groupe, elles perdent toute possibilité de penser, mais acquièrent la griserie d'un pouvoir sans limites. Faire fi de tous les obstacles matériels et humains, c'est l'ivresse suprême d'un culte idolâtre. C'est le mal absolu.

La tentation de dissoudre la personne dans le collectif est celle de se noyer corps et âme. C'est abandonner l'état de personne par en bas. Seul l'accès à l'impersonnel permet à l'être humain de n'être plus personne « en s'élevant au-dessus du personnel[4] », car si « le personnel est opposé à l'impersonnel, il y a passage de l'un à l'autre ». Le collectif est donc le mal absolu, l'impersonnel le bien pur.

1. Bel exemple de ce que nous évoquions précédemment : toutes les parties de l'âme ne sont en réalité que deux.

2. *Ibid.*, p. 197.

3. EL, p. 18.

4. *Ibid.*, p. 19.

La personne fait partie de cette région moyenne, celle qui ne peut se maintenir ; constituée d'éléments incompatibles, elle est vouée à disparaître. Mais elle peut être absorbée dans l'impersonnel ou noyée dans le collectif. Il n'y a pas de milieu, pas d'entre-deux. C'est une zone de pure médiocrité. Choisir l'épanouissement de la personne n'est pas un moindre mal, c'est la perte du sens du sacré.

Comment va s'accomplir le passage de la personne à l'impersonnel ? « Le passage à l'impersonnel ne s'opère que par une attention d'une qualité rare et qui n'est possible que dans la solitude. Non seulement la solitude de fait, mais la solitude morale[1]. » Cette solitude morale exclut toute appartenance à une quelconque collectivité. Il reste que, même obtenue, cette solitude est toujours très fragile. « L'attention véritable est un état tellement difficile à l'homme que tout trouble personnel de la sensibilité suffit à y faire obstacle[2]. » L'attention est l'exercice spirituel incomparable pour opérer la transmutation de la sensibilité, le transfert d'âme à âme par la médiation du corps. Cette attention pure, désintéressée, sans mobile, est du pur amour. Si ce qui peut faire mal est d'attenter à l'impersonnel, ce qui peut faire le bien sera aussi l'impersonnel. Dans les œuvres les plus belles, l'artiste, le savant authentique, c'est-à-dire les génies de premier ordre, sont ceux qui ont rejoint l'anonymat. Conservé ou perdu, leur

1. *Ibid.*, p. 17.
2. *Ibid.*, p. 140.

nom a disparu. Même conservé, car leur nom ne dit rien de leur personne, n'apprend rien d'anecdotique, rien de leur biographie. Le seul sacré en science, c'est la vérité ; en art, c'est la beauté, parfaitement impersonnelle [1].

Artistes et savants sont ceux qui, loin d'épanouir leur personne, l'ont fait disparaître. Retournés à l'anonymat, ce sont des passeurs. Leur personne

---

1. Dans un article récemment paru dans les CSW (XXVII, n° 1, mars 1994, p. 19) intitulé « Conseils à un artiste contemporain », Eva Zippel explicite combien la lecture de Simone Weil l'a profondément aidée dans son travail de sculpteur. En voici, bien à propos, un passage très suggestif : « L'art contemporain se sert de beaucoup de signes. Le non-figuratif est certainement une réaction contre les symboles usés par l'habitude qui voilent l'attention par une lecture trop facile. Il refuse l'illustration d'un sujet littéraire, il cherche à composer un ordre avec des couleurs et des formes. Il a des tendances qui, au contraire, essaient de brouiller un ordre établi. On ne cherche plus à créer de beaux objets mais à décréer l'objet familier. La démonstration de l'absurde présente un miroir à la société. On se révolte, on provoque ou on se retire en face du vide. Aujourd'hui tout est possible et tous les moyens sont permis.

« Et quand il n'y a plus de résistance ni du côté du matériau, ni du métier, ni du sujet, l'art devient indifférent (ennuyeux). L'artiste doit se présenter en vedette pour intéresser son public. « Mais pour que l'art devienne un mouvement d'émancipation authentique, il doit obéir à la nécessité et passer à l'impersonnel qui, selon Simone Weil, dénonce l'œuvre de "premier ordre".

« Ceci n'est pas un acte de volonté. Elle ne revient toujours qu'aux vertus négatives : "Ne pas penser à..." Elle ne dit pas ce qu'il faut faire. Elle pense que l'idée s'impose si on lui cède la place. Alors, il n'y aura plus qu'à faire le geste nécessaire, et le meilleur geste sera celui qu'on ne peut pas ne pas faire. »

n'aura été que l'occasion du passage du sacré. Les médiateurs sont ceux qui suppriment l'entre-deux. Ce sont des êtres démoniques ; ils sont passés de l'autre côté, et ne sont plus les auteurs de leurs pensées. Ce sont des médiums, traversés par des inspirations qui se déposent en eux. Ils ont alors la mission de faciliter le passage des autres de l'autre côté. Simone Weil use de plusieurs métaphores (le voile, le mur...) pour désigner l'écran à traverser. Toujours est-il que « chacun de ceux qui ont pénétré dans le domaine de l'impersonnel y rencontre une responsabilité envers tous les êtres humains. Celle de protéger en eux, non la personne, mais tout ce que la personne recouvre de fragiles possibilités de passage dans l'impersonnel[1] ». Simone Weil a eu cette vocation absolue de passeur d'âmes, aux prises avec ce sentiment d'« obligation de tout piétiner en soi-même plutôt que de souffrir un empêchement au passage, à travers soi, de la vérité. C'est cette obligation qui me force à écrire des choses que je sais n'avoir pas, personnellement, le droit d'écrire[2] ». « Mais j'ai en moi une espèce de certitude intérieure croissante qu'il se trouve en moi un dépôt d'or pur qui est à transmettre[3]. »

---

1. EL, p. 20.
2. EL, p. 202.
3. *Ibid.*, p. 250.

6

Ontologie de la médiation

De la médiation philosophique à la médiation christologique

par Emmanuel Gabellieri

Est-il pertinent de présenter sous le signe de l'idée de « médiation » une pensée qu'il est généralement convenu de caractériser comme « dualiste » ? L'élément initial et semble-t-il jamais renié chez Simone Weil, n'est-ce pas en effet l'idée du Dieu « séparé », « indémontrable[1] », de l'Esprit comme « éternel absent » de ce monde, élément qu'elle avait d'abord trouvé développé chez Alain[2], et qu'elle encouragera elle-même Simone Pétrement à approfondir par la suite[3] ?

S'il est un point, pourtant, que les études weiliennes ne cessent de manifester davantage, c'est la centralité, dans cette œuvre, du thème de la

1. LP, p. 182.

2. Sur cette définition de l'Esprit (« l'éternel absent »), cf. le propos intitulé ainsi dans *Les Arts et les Dieux, op. cit.*, p. 1321.

3. Sur l'attirance commune pour le dualisme entre Simone Weil et sa future biographe et leurs recherches réciproques, voir le témoignage de celle-ci dans SP, II, p. 122-124, 173-174, 219-220, 299-304, 360-367.

« médiation » sans toutefois que cela puisse gommer l'accent dualiste [1]. Comment comprendre cette double dimension ? Parce que nous sommes spontanément portés à opposer l'une à l'autre, nous imaginons volontiers qu'une « évolution » de Simone Weil serait à même d'éclaircir cette étrange contradiction. Mais on est alors surpris de constater que semblent possibles deux lectures opposées de cette évolution. On peut en effet penser soit que Simone Weil est passée du dualisme d'Alain à l'expérience chrétienne de l'Incarnation de Dieu et à une philosophie de l'« enracinement » : elle serait alors passée du dualisme à la médiation, de l'« absence » à la « présence » de Dieu. Soit on peut, en sens inverse, considérer que, partie d'une philosophie de

1. Ceci avait déjà été remarqué par les premiers travaux proprement philosophiques consacrés à Simone Weil, par exemple : M. Narcy, *Simone Weil, malheur et beauté du monde*, Le Centurion, 1967 (cf. particulièrement chap. 1 et les p. 52-54) ; M. Vetö, *La Métaphysique religieuse de Simone Weil*, Vrin, 1971 (cf. la conclusion remarquablement nuancée des p. 143-149). Mais des synthèses plus récentes l'ont souligné encore davantage : cf. Eric O. Springsted, *The Platonic Doctrine of Mediation in the Religion and Philosophy of Simone Weil*, Princeton, 1980 (cf. du même auteur « Métaphysique de la transcendance et théorie des *metaxu* chez Simone Weil », CSW V, n° 4, décembre 1982, p. 285-306) et Rolf Kühn *Lecture décréative. Une synthèse de l'œuvre de Simone Weil* (thèse dactylographiée, Paris, 1985, parue depuis en version allemande : *Deuten als Entwerden. Eine Synthese des Werkes Simone Weil*, in *Hermeneutisch-religions-philosophischer Sicht*, Herder, Fribourg-en-Brisgau, 1989).

l'homme, et de l'homme « dans le monde », elle a abouti à une pensée de la négation du monde et de la négation de soi : elle serait alors passée de la communion et du « contact » avec l'être à la « décréation ». Le fait que chacune de ces lectures puisse se justifier, comme on va avoir l'occasion de le souligner, suggère une interprétation plus nuancée et paradoxale. Il se pourrait en effet que l'évolution de Simone Weil n'ait pas consisté à passer d'un pôle à un autre, mais plutôt à accentuer de manière parallèle deux axes permanents de sa pensée, que son expérience spirituelle l'aurait conduite à approfondir simultanément. On voudrait ici chercher à le vérifier en analysant le passage (celui-ci tout à fait indubitable) effectué par Simone Weil de l'idée « philosophique » du « salut » (reçue d'Alain) à sa thématisation « surnaturelle » à partir de l'expérience personnelle du Christ et de la grâce faite dès 1938. Évolution que peut éclairer une confidence faite à Gilbert Kahn pendant la guerre, à propos d'Alain : « Il y a une part de sa pensée que j'ai assimilée au point de ne pouvoir la distinguer de ma propre pensée, et une autre que j'ai rejetée[1]. » Partons de cette suggestion. Quelle part a été « assimilée » ? Et laquelle a été « rejetée » ?

1. G. Kahn, « Simone Weil et Alain », CSW XIV, n° 3, septembre 1991, p. 212 (initialement publié dans *Bulletin de l'Association des amis d'Alain*, n° 58, juin 1984).

Le « salut » philosophique

Les premiers textes philosophiques de Simone Weil comme ses leçons de philosophie font apparaître une totale adhésion à ce qui était le point de départ du spiritualisme d'Alain, à savoir que la vérité de l'homme est de devoir commencer par séparer la pensée et le monde[1]. En effet, la vraie philosophie consiste d'abord à s'opposer à l'objet, à se savoir esprit et non nature. « À esprit pur, matière pure[2]. » Cette formule par laquelle pourrait se résumer le cartésianisme d'Alain condense un dualisme de l'être et de l'esprit qui se déploie à plusieurs niveaux :

1. D'abord par l'insistance sur l'écart irréductible entre la pensée et le monde, entre l'« essence » et l'« existence », opposition qui a une double conséquence : d'une part elle doit conduire à refuser l'idéalisme intempérant qui voudrait par exemple « déduire » l'existence de l'essence[3] ; d'autre part elle doit faire éprouver la dualité radicale de l'« existence » et de la « valeur ».

---

1. Cf OC I ; voir particulièrement *Le Beau et le Bien*, *L'Existence et l'Objet* et les *Essais* de 1929. Quant aux *Leçons de philosophie*, la structure en est caractéristique, opposant « Le point de vue matérialiste » (première partie) et « La découverte de l'Esprit » (deuxième partie).

2. *Entretiens au bord de la mer*, NRF, 1949, p. 183.

3. LP, p. 65 : « La réalité ne se prouve pas, elle se constate » ; p. 120 : « Que manque-t-il à la déduction ? Il lui manque toujours le monde. En aucun cas la déduction ne peut suppléer à la constatation. »

Ainsi, par exemple, non seulement la preuve ontologique est inopérante qui voudrait déduire l'existence de Dieu de son idée en moi[1], mais surtout Dieu est Idée et ne peut être dit « exister », ce qui le ramènerait au mode d'être déterminé des choses que l'on peut constater et sentir[2]. À vrai dire, Dieu n'existe qu'en ma pensée, il n'est que la puissance sans puissance par laquelle l'esprit prend conscience d'être une liberté opposée à la nécessité du monde, un désir de vérité et de perfection transcendant le règne de l'objet[3].

2. À ce point se révèle alors un dualisme interne à l'homme lui-même. Car l'homme est à la fois nature et esprit, corps et âme. La nécessité ne règne-t-elle pas en lui beaucoup plus même que la liberté, laquelle a sans cesse à se conquérir, contre l'imagination, le « sommeil » et les passions du corps ? L'âme, n'est-ce pas « ce qui refuse le corps[4] » ? C'est pourquoi ce dualisme engendre une philosophie d'un « salut de l'âme » par la médiation de la volonté[5]. La

---

1. Alain reprend ici la critique de Kant : « L'existence n'est pas une perfection » (*Lettres sur Kant*, Hartmann, 1946, p. 52).

2. LP, p. 182 : « Par définition, en tant qu'il est la suprême valeur, *Dieu est indémontrable*. Dieu ne peut pas être senti. »

3. Sur cette opposition de l'existence d'une part, de l'esprit et de la valeur d'autre part, voir G. Pascal, *L'Idée de philosophie chez Alain*, Bordas, 1970, p. 41 *sq.*

4. *Les Arts et les Dieux*, *op. cit.*, p. 1031.

5. *Propos*, Gallimard, coll. « Bibliothèque de la Pléiade », 1956, p. 611 : « Je dis que l'homme doit sauver son âme, la sauver maintenant [...], sauver ce pouvoir de juger et de vouloir qu'on l'appelle "âme" ou de tout autre nom. [...] Je dois sauver

philosophie d'Alain, comme la première philosophie de Simone Weil, est une « philosophie du jugement » où le jugement consiste avant tout dans cet effort de volonté par lequel l'esprit accomplit le passage de l'imagination à l'entendement, de l'animalité à l'humanité. Un tel effort est le mouvement même du « salut[1] ». Mouvement inverse de celui consistant à « s'abandonner » au monde, il s'interdit, comme le dit Simone Weil, le « mélange impur de la matière et de l'esprit[2] » qui empêche de reconnaître la réalité authentique de l'un et de l'autre.

Mais le salut consiste-t-il uniquement à se savoir ainsi opposé au monde et opposé à soi ? C'est ici que se révèle un autre pôle de la pensée d'Alain et de Simone Weil qui peut paraître contradictoire du premier. Partons à nouveau d'Alain. Comme l'ont souligné plusieurs commentateurs, si celui-ci a toujours reconnu Platon, Descartes, Kant comme les

---

mon âme. » Ou encore dans *Les Arts et les Dieux, op. cit.*, p. 182 : « Par salut, j'entends justice et santé de l'âme comme tout le monde, et dans cette autre vie qu'est cette vie dès qu'on se soucie de son âme. »

1. *Ibid.*, p. 1340 : « Cette sorte de reprise de soi est continuelle dans la moindre de nos pensées. Tu te sauveras seul, telle est l'inspiration divine. » OC I, p. 71 : « Il faut donc se sauver soi-même ; sauver en soi l'Esprit [...] Le bien est donc le mouvement par lequel on s'arrache à soi en tant qu'individu, c'est-à-dire en tant qu'animal, pour s'affirmer homme, c'est-à-dire participant de Dieu [...] Dieu qui est l'humanité, c'est-à-dire l'esprit humain, présent à chacune de nos victoires et faisant effort en nous. »

2. LP, p. 121.

penseurs dont la pensée était la plus vraie (le dualisme de l'esprit et du monde), il a en même temps voulu reconnaître la vérité opposée exprimée par les philosophes qui lui apparaissent d'inspiration « moniste » : Aristote, Spinoza, Hegel[1]... Vérité seconde certes, subordonnée à la première, mais qui permet d'éclairer tout ce qui chez Alain se présente comme l'antithèse du dualisme. La volonté de tenir une position « médiane » entre les deux lignes de pensée animant aux yeux d'Alain l'histoire de la philosophie peut notamment être illustrée par la manière dont il se sépare de l'idéalisme concernant le problème de la perception du monde. Là où la démarche cartésienne (et plus encore l'idéalisme de Berkeley) consiste à dissocier radicalement la certitude de soi du sujet et celle de l'objet, Alain au contraire, en se référant aussi bien à Kant qu'à Maine de Biran[2], affirme que « l'esprit porte le monde mais le monde porte l'esprit » et qu'il n'y a « pas plus de sujet sans objet que d'objet sans sujet[3] ». Il faut même aller

1. Voir à ce sujet *Alain, lecteur des philosophes, de Platon à Marx*, actes du colloque du Vésinet, Bordas, 1987 ; particulièrement « Philosophie et histoire de la philosophie chez Alain » de H. Grenier, p. 189-196.

2. Pour toutes ces analyses, cf. G. Pascal, *L'Idée de philosophie chez Alain, op. cit.*, « L'être dans le monde » (p. 81-92) et « L'existence » (p. 93-113).

3. Cité par G. Pascal, *ibid.*, p. 85. Formules dont la forme comme le contenu ne sont pas sans rappeler les principes fondamentaux de la phénoménologie husserlienne. Il serait intéressant de tenter sur ce point une confrontation quelque peu systématique.

plus loin que Maine de Biran et dire que la conscience de soi et du monde s'opère et s'éprouve dans le *travail* plus encore que dans la perception [1]. Le contact avec le monde est donc vérité première, et le lien de l'esprit avec le corps aussi. De ce point de vue, le dualisme, vrai du point de vue de la pensée pure, ne l'est plus du point de vue de l'action et de la vérité concrète du sujet. Or voilà qui définit la véritable vocation de l'homme. Car réaliser par le travail de l'esprit sur les passions l'unité de l'âme et du corps, et par la perception et le travail physique l'unité de l'homme et de l'univers, c'est reconnaître la vérité d'un être appelé à s'unifier et ainsi à se sauver tout entier. Travail et action sont ainsi les médiations ascendantes grâce auxquelles l'homme peut réellement s'égaler à lui-même tout en se reliant à l'univers. Et c'est pourquoi la notion de « salut » a deux sens chez Alain. Dans un premier temps, elle signifie se séparer du monde, sauver en soi l'esprit qui n'est pas l'objet. Mais, dans un deuxième temps, elle signifie réaliser rapidement et pleinement l'unité de la nécessité et de la liberté qui me constituent [2]. Le salut

1. Maine de Biran : « Ce n'est encore que la moitié de l'idée [...] L'effort biranien se meut à la surface du monde ; on n'entre au monde que par le travail » (cité par G. Pascal, *ibid.*, p. 90, n. 3).

2. Comme le dit très bien G. Pascal : « Ce qui rend le salut possible, ce n'est pas l'existence en l'homme de quelque puissance supérieure que l'on pourrait opposer et préférer aux puissances inférieures ; c'est au contraire l'unité de l'homme, qui n'a nullement besoin de renoncer à être homme pour penser juste » (*ibid.*, p. 247-248).

véritable consiste alors à incarner l'esprit pour spiritualiser le corps de manière à ce que rien de l'homme ne soit en dehors de la pensée et de la volonté et qu'il puisse ainsi devenir le souverain de lui-même.

De la volonté à la compassion

Tous les thèmes que l'on vient d'indiquer se retrouvent dans les premiers écrits philosophiques de Simone Weil, mais semblent prendre chez elle une intensité et une accentuation nouvelles :

– D'abord au plan de la reconnaissance du monde. En un sens, celui-ci n'a de valeur que s'il est recréé par l'esprit[1], mais d'un autre côté, le « pacte originel de l'esprit avec l'univers[2] » dévoile une densité ontologique telle que l'adhésion à la beauté et à la réalité du monde semble impliquer un retrait et un effacement du sujet devant l'autre en tant qu'autre[3]. Tout se passe alors comme si la hiérarchie sujet-monde s'atténuait peu à peu et allait même jusqu'à s'inverser[4].

---

1. LP, p. 101 : « Aucune liaison n'est donnée, elles sont toutes œuvres de l'esprit [...] en aucun cas la connaissance n'est un simple reflet des choses. »
2. OL, p. 162.
3. LP, p. 121 : « C'est une manifestation de la puissance de la pensée que de se suspendre volontairement quand elle comprend qu'il lui manque le monde [...] L'expérimentateur s'efface le plus possible devant le monde, il a peur de troubler le monde. »
4. Par exemple, dès « Le Bien et le Beau » (OC I, p. 72) : « Être un avec l'harmonie que je vois en lui [le temple] est bien

– Ensuite au niveau du rapport de soi à soi. L'expérience du *travail* va très vite apparaître à Simone Weil comme un révélateur anthropologique majeur, et cela dès ses premières réflexions de 1929 sur la « loi du temps », mais de telle manière que, là encore, s'atténue la souveraineté d'un sujet qui apparaît irrémédiablement lié au temps. En effet, « le temps est cette séparation entre ce que je suis et ce que je veux être, telle que le seul chemin de moi à moi soit le travail, ce rapport toujours défait entre moi et moi que le travail seul renoue [...]. La loi du temps est la loi de médiation [1] ».

Dans ces textes, on saisit sur le vif, d'une part, combien, dans le prolongement de la réflexion d'Alain, séparation et médiation constituent indissolublement la loi de l'existence humaine. Mais, en définissant celle-ci « à la fois par une certaine puissance de moi sur moi et par une impuissance de moi par rapport à Moi [2] » apparaît, d'autre part, ce qui va être le lieu de la divergence. Pour Alain, en effet, il ne fait pas de doute que la puissance de la volonté est *assez puissante* pour délivrer l'homme de la servitude et en faire le « souverain » du monde.

---

le premier temps du sentiment esthétique ; mais ce premier temps est sommeil ; dire : "je ne suis pas cela", c'est poser le temple comme parfait en soi sans moi : c'est-à-dire le poser comme beau. »

1. « Du temps » (1929), OC I, p. 143, 152. On pourrait dire que là est le « *cogito* incarné » que Simone Weil ajoute au *cogito* cartésien dans la deuxième partie du mémoire de 1929 « Science et perception chez Descartes » (*ibid.*, p. 199-205).

2. *Ibid.*, p. 141.

L'homme doit se sauver seul et il le *peut*... Or, chez l'élève d'Alain, puissance et impuissance de l'homme paraissent bien davantage affirmées simultanément, de telle manière que l'impuissance semble aussi irréductible que le devoir d'agir pour y échapper. Le salut peut-il ne s'opérer que par la volonté ? L'esprit humain peut-il réellement s'égaler et s'identifier à l'esprit absolu ? La volonté est-elle toujours bonne ? Sur tous ces points, Simone Weil restera fidèle à l'idée que, du point de vue du *devoir*, l'unité et le salut de l'homme dépendent bien de lui-même. Mais après l'expérience de la condition ouvrière, qui lui fera toucher du doigt la faiblesse humaine face au malheur, et après l'expérience de la barbarie pendant la guerre d'Espagne, qui lui dévoilera la même faiblesse face au mal, elle ne croira plus à la possibilité d'une autosuffisance et d'une autorédemption de l'homme [1]. Là où Alain pense que la volonté est une médiation suffisante pour réaliser la synthèse entre l'homme et le Bien, Simone Weil va affirmer au contraire que s'il ne veut pas se mentir à lui-même, l'homme doit se reconnaître de manière irrémédiable à distance du Bien. « La faute de Chartier est d'avoir refusé la douleur [2]. » Il veut que la volonté suffise et

---

1. Comme le souligne G. Kahn, notant : « [...] Le pessimisme de ses vues, qui contraste vivement avec l'optimisme d'Alain [...] après son expérience d'usine et son engagement en Espagne » (CSW XIV, n° 3, p. 211).

2. SP II, p. 366 : formule significative par laquelle Simone Weil exprime en 1941 à Simone Pétrement la distance prise à l'égard de la pensée d'Alain.

soit le Bien. Or cet optimisme ne signifie-t-il pas nécessairement la négation du désir de l'impossible qui constitue l'homme ? Surtout, cela n'implique-t-il pas l'indifférence à l'égard des malheureux écrasés par la vie ? Car si la volonté est le Bien que ceux-ci ne peuvent vouloir et qu'on ne peut vouloir à leur place, ne sont-ils pas irrémédiablement abandonnés au mal[1] ? C'est précisément dans la prise de conscience de l'incapacité de la volonté à se faire par elle-même amour et compassion que semble résider la rupture avec le rationalisme d'Alain. La compassion suppose en effet un amour venant de plus haut que la volonté, un acte non de volonté mais d'*attention*, par lequel on ne produit rien mais on se laisse pénétrer de la présence d'autrui. Acte décentrant le *cogito* et faisant passer d'une philosophie du jugement à une philosophie de l'attention décréatrice. Sans doute ce thème de l'attention était-il déjà présent dans la reprise weilienne de la doctrine de la perception issue de Lagneau et Alain. Mais il ne s'explicitera comme radical effacement de soi que lorsque se synthétisera la triple décentration du sujet par rapport au monde, à autrui et à Dieu. Une seconde morale va alors succéder à celle d'Alain et conduire à une autre métaphysique, non plus de la volonté mais de la grâce.

1. À la même époque, cette interrogation apparaît à propos de la limite de l'intelligence (lettre à G. Kahn, SP II, p. 346).

La médiation « descendante »

La même Simone Weil, qui déclarait en 1933 que « ceux qui croient entrer en contact avec Dieu par l'expérience [mystique] commettent une sorte de blasphème[1] », écrit en 1942 au père Perrin : « Le Christ lui-même est descendu et m'a prise[2]... » Ce n'est pourtant pas un reniement. L'insistance avec laquelle elle souligne le caractère « absolument inattendu » de ce « contact[3] » montre en effet qu'on est dans une situation inverse de celle que craignait la jeune agrégée des années 30 : il n'y a en aucune manière le désir idolâtrique de mettre la main sur Dieu ou de le ramener à son expérience[4], car la

1. LP, p. 182. Simone Weil ajoutait : « On détruit ainsi le divin [...] Dieu ne peut pas être senti. »

2. AD, p. 45.

3. « Dans mes raisonnements sur l'insolubilité du problème de Dieu, je n'avais pas prévu la possibilité de cela, d'un contact réel, de personne à personne, ici-bas, entre un être humain et Dieu [...] Dieu m'avait miséricordieusement empêchée de lire les mystiques, afin qu'il me fût évident que je n'avais pas fabriqué ce contact absolument inattendu » (*id.*). Cf. aussi la lettre à Joë Bousquet dans PSO, p. 81. La même idée se retrouvera fréquemment dans les *Cahiers* ; par ex. : « L'expérience du transcendant, cela semble contradictoire et pourtant le transcendant ne peut être connu que par le contact, puisque nos facultés ne peuvent le fabriquer » (C II, p. 156).

4. « [...] Dans tout cela il ne s'agit pas de moi. Il ne s'agit que de Dieu. Je n'y suis vraiment pour rien [...] Peut-être que Dieu se plaît à utiliser les déchets, les pièces loupées, les objets de rebut » (*ibid.*, p. 49).

médiation n'est pas ici ascendante, issue de l'effort humain, mais « descendante[1] », issue d'une miséricorde dont elle déclare : « Je n'ai besoin d'aucune espérance, d'aucune promesse pour croire que Dieu est riche en miséricorde. Je connais cette richesse avec la certitude de l'expérience, je l'ai touchée. Ce que j'en connais par contact dépasse tellement ma capacité de compréhension et de gratitude que même la promesse de félicités futures ne pourrait rien y ajouter pour moi[2]. »

Il semblerait normal qu'une telle expérience produise une rupture totale avec tous les modes de penser antérieurs. Or, il est frappant de constater qu'en un sens il n'en est rien. Vérifions-le d'abord au plan de la relecture qu'elle va effectuer de son expérience spirituelle et philosophique. Ce n'est pas en effet seulement Platon et l'*Iliade* qui vont lui apparaître rétrospectivement « baignés de lumière chrétienne[3] », mais aussi toute l'expérience du monde comme médiation, le monde étant désormais compris comme un ensemble de *metaxu* orientant vers Dieu. Chaque niveau d'expérience authentique du réel se révèle être ainsi une « forme implicite de l'amour de Dieu », de telle sorte, par exemple, que la beauté, l'ordre du monde découvert par l'intelli-

---

1. Sur ce thème et l'idée de la « quête de l'homme par Dieu », cf., entre autres, tous les textes intitulés « Descente de Dieu » dans IPC.

2. AD, p. 68-69.

3. « C'est après cela que j'ai senti que Platon est un mystique... » (*ibid.*, p. 46).

gence et le travail, l'amour du prochain sont « [...] trois mystères surnaturels constamment présents en pleine nature humaine. Ce sont trois ouvertures qui donnent directement accès à la porte centrale qui est le Christ. À cause de leur présence, il n'y a pas possibilité pour l'homme ici-bas d'une vie profane ou naturelle qui soit innocente. Il n'y a que la foi, implicite ou explicite, ou bien la trahison. Il faut parvenir à ne plus voir au-dessus des cieux et à travers l'univers que la médiation divine[1] ». Et c'est aussi pourquoi la philosophie authentique doit être comprise comme un désir de la grâce[2], tel que de Platon à Alain toute expérience de l'être comme objet de contemplation, toute saisie du réel comme « rapport[3] » est maintenant relue comme affirmation partielle obscure de l'Amour médiateur : « [...] dans les demi-ténèbres où nous sommes plongés, tout nous est rapport, comme dans la lumière de la réalité tout est en soi médiation divine. Le rapport, c'est la médiation divine entrevue dans nos ténèbres [...]. Et la médiation, c'est exactement la même chose que l'Amour[4]. »

1. IPC, p. 165. Ce passage recoupe pour l'essentiel le long texte précisément intitulé « Formes de l'amour implicite de Dieu » dans AD.

2. Cf. par exemple l'opposition établie entre Platon et Aristote : SG, p. 67 *sq.*

3. L'idée que l'être et l'esprit ne sont que « rapport », contre tout substantialisme de l'« inhérence » close et enfermée sur elle-même, était une insistance constante chez Alain. Cf. G. Pascal, *L'Idée de philosophie chez Alain, op. cit.*, p. 76 *sq.*

4. IPC, p. 166.

Ceci entraîne une surdétermination de la notion de « médiation » peut-être unique dans l'histoire de la pensée : « Dieu est médiation, et toute médiation est Dieu. Dieu est médiation entre Dieu et Dieu, entre Dieu et l'homme, entre l'homme et l'homme, entre Dieu et les choses, entre les choses et les choses, et même entre chaque âme et elle-même. On ne peut passer de rien à rien sans passer par Dieu[1]. » Mais sans doute ne faut-il pas être fasciné par cette affirmation de la médiation au point d'en oublier la structure paradoxale. Il n'y a en effet médiation que là où il y a séparation préalable, et il n'y aura de médiation proprement « surnaturelle » que là où sera maintenu l'amour au sein même de la plus grande séparation. C'est pourquoi Simone Weil ajoute dans le même texte : « La médiation suprême est celle du Saint-Esprit unissant à travers une distance infinie le Père divin au Fils divin, mais vidé de sa divinité et cloué sur un point de l'espace et du temps[2]. » De ce point de vue, tout peut se passer comme si ce qu'il y avait de vrai dans l'idée dualiste (dès lors que celle-ci n'annule pas le désir et l'amour) se trouvait également confirmé par la révélation de l'amour surnaturel. Celui-ci n'a pas en effet pour fonction présente d'abolir toute distance, et toute nuit de permettre de les vivre sur le mode de la foi surnaturelle. Et c'est pourquoi, même si cela peut d'abord surprendre, l'affirmation de la médiation absolue va de pair chez

1. *Ibid.*, p. 165.
2. *Ibid.*, p. 166.

Simone Weil avec celle de la « décréation ». Comme le Médiateur s'est « anéanti » sur la Croix, la créature qui veut s'unir à lui et être tout entière médiatrice doit également « s'anéantir ». Ce n'est pas là une « destruction » de la création[1] mais, au contraire, la condition de son accomplissement pour que puisse enfin s'accomplir la *coïncidence* de l'être et de l'amour. Ainsi, la décréation peut se définir tantôt en termes « négatifs » tantôt en termes « positifs », dès lors que, du point de vue de la vocation humaine, c'est la même chose de dire : « Nous ne sommes pas autre chose qu'un endroit par où passe l'Amour divin de Dieu pour soi-même. En aucun cas nous ne sommes autre chose[2] » ou de dire : « [...] nous aussi, dans la mesure où il nous est accordé d'imiter le Christ, nous avons cet extraordinaire privilège d'être à quelque degré médiateurs entre Dieu et sa propre création[3] ».

---

1. C II, p. 251 : « La destruction est l'extrême opposé de la décréation. »

2. IPC, p. 166-167. Ici prennent place tous les textes d'« anéantissement » par ex., CS, p. 232 : « Notre moi, disparaissant, doit devenir un trou à travers lequel Dieu et la création se regardent. »

3. IPC, p. 163. Ici s'inscrivent les textes de création. Par exemple, C II, p. 216 : « Ainsi nous sommes cocréateurs. Nous participons à la création du monde en nous décréant nous-mêmes. » Sur toute cette question, cf : notre analyse des « quatre niveaux » de la décréation dans *Simone Weil et Gustave Thibon* (t. I, *Les Divergences*), CSW XII, n° 3, p. 271-275 ; et notre communication « La décréation chez Simone Weil : une philosophie de la mort ou de la vie ? », à paraître dans *La Vie*

Amour et non-savoir

Seulement, il est clair que du point de vue éthique et mystique l'accent ne peut ni ne doit être mis ici sur la conscience de ce « privilège », mais sur l'être de don et d'abandon que doit devenir la personne[1]. Ne peut être cocréateur et « comédiateur » que celui qui consent à être « cocrucifié », ce qui veut dire que la plus grande communion (ne pas être séparé du Christ et des malheureux) ne peut être réalisée que dans et par la plus grande séparation. « Si on tombe en *persévérant dans l'amour* jusqu'au point où l'âme

---

et la Mort, actes du XXIVe congrès de l'Association des sociétés de philosophie de langue française, Poitiers, 1992.

1. Ce point doit éclairer, croyons-nous, l'« antipersonnalisme » de Simone Weil. Récusant les termes de « substance » et de « personne » exclusivement compris en termes d'inhérence, Simone Weil paraît réduire la personne à un pur espace de relation sans aucune singularité ontologique. Cela nie-t-il nécessairement la définition, classique depuis Richard de Saint-Victor et Duns Scot, de la personne comme « existence incommunicable de nature spirituelle » ? On pourrait d'abord répondre, semble-t-il, que pour que l'amour de Dieu « passe » à travers cet « espace » il faut encore que celui-ci soit un lieu singulier. Mais sans doute faudrait-il davantage réfléchir dans la perspective suivante : m'appartient-il de me centrer sur ma propre incommunicabilité ou de me donner sans réserve ? N'est-ce pas à l'autre plus qu'à moi-même de reconnaître ma singularité dans ce qu'elle a d'absolu et d'incommunicable, comme moi j'ai à reconnaître la sienne ? On semble ici très proche d'un dévoilement ontologique lié à l'intersubjectivité et à la « responsabilité », au sens donné par Levinas à ce terme.

ne peut plus retenir le cri : “Mon Dieu, pourquoi m'as-tu abandonné”, si on demeure en ce point *sans cesser d'aimer*, on finit par toucher quelque chose qui n'est plus le malheur ; qui n'est pas la joie, qui est l'essence centrale, essentielle, pure, non sensible, commune à la joie et à la souffrance, et qui est l'*amour même* de Dieu[1]. » Nous avons ici l'éclairage ultime du paradoxe weilien. Ce qui compte n'est pas le *sentiment* de communion ou d'abandon, de joie ou de souffrance, mais l'*amour* dans lequel on demeure quel que soit le mode sur lequel il est vécu[2]. L'amour du Christ transcende l'opposition de la distance et de l'unité, comme il transcende celle de la souffrance et de la joie, et qui en fait l'expérience est libéré de l'imagination pour soi d'un « salut » qui serait *distinguable* de l'amour. Par contre, et c'est le dernier message que nous livre Simone Weil, la certitude de cette expérience ne peut pas libérer pleinement de l'angoisse face au salut d'autrui : « Il y a seulement une occasion où je ne sais vraiment plus rien de cette certitude. C'est le contact avec le malheur d'autrui [...]. Ce contact me fait si atrocement mal, me déchire tellement l'âme de part en part, que l'amour de Dieu m'en devient quelque temps presque impossible. Il s'en faut de bien peu

1. AD, p. 69. C'est nous qui soulignons.

2. Simone Weil ajoute : « On sait que la joie est la douceur du contact avec l'amour de Dieu, que le malheur est la blessure de ce même contact quand il est douloureux, et que le contact lui-même importe seul, non pas la modalité » (*ibid.*, p. 69-70).

que je ne dise impossible[1]. » Dans les derniers mois de sa vie à Londres, elle souffre le martyre de ne pas pouvoir concilier et « [...] penser ensemble dans la vérité le malheur des hommes, la perfection de Dieu et le lien entre les deux[2] ». Mais n'est-ce pas précisément dans ce « non-savoir » qu'à consisté sa participation la moins volontaire, et donc la plus vraie et la plus pure, à la Croix du Christ ? Ne fallait-il pas, pour que la communion au Christ et au malheur des hommes soit parfaite, que la Croix ne soit pas seulement objet d'un « péché d'envie », mais le lieu de l'amertume et de la déréliction la plus totale ? S'il est vrai que la sainteté, pas plus que la philosophie, ne culmine dans un « savoir », mais dans la « charité qui passe toute connaissance », la rédactrice de la France libre mourant solitaire en 1943 à l'hôpital d'Ashford ne réalisait-elle pas ainsi dans sa chair ce qu'elle-même avait écrit dans la classe d'Alain plus de quinze ans auparavant : « Chaque saint a refusé tout bonheur qui le séparerait des souffrances des hommes[3] » ?

1. *Ibid.*, p. 72.
2. *Lettre à Maurice Schumann*, EL, p. 213.
3. OC I, p. 71.

7
Imaginaire et symbolisme

par Rolf Kühn

Chez Simone Weil, la question de la connaissance par l'analogie est dès le début essentiellement orientée sur le thème de la lecture attentive qui inclut la limitation de l'imagination, du fait que celle-ci est incapable d'apercevoir des rapports purs sous des apparences différentes. Par conséquent, si l'on veut élargir cette connaissance pour arriver à la « connaissance surnaturelle », il faudra pousser les efforts d'analyse vers une description de l'attention même, tâche propre à définir l'« homme décréé » qui se trouve placé dans une relation transparente tant à Dieu (Créateur) qu'au monde (Création) : « Dans tous les domaines, l'amour n'est réel que dirigé sur un objet particulier ; il devient universel sans cesser d'être réel seulement par l'effet de l'analogie et du transfert, connaissance pour laquelle la mathématique, les diverses sciences et la philosophie sont ainsi une préparation à un rapport direct avec l'amour[1]. »

---

1. AD, p. 140 ; cf. CS, p. 37 *sq*.

Si l'outil n'est qu'une médiation entre le monde et le sujet, l'homme, lui, selon une application symbolique de cette image, devient l'intermédiaire entre le monde et Dieu, et cette vocation, pour Simone Weil, finit par se réaliser totalement dans la Croix. L'observation datant de 1929-1930 : « Cette plume que je meus sur le papier sert d'intermédiaire entre moi et le monde » se cristallise en 1942 dans l'exigence conséquente de l'herméneutique religieuse développée alors par Simone Weil : « Que mon âme soit seulement au corps et à Dieu ce qu'est ce porte-plume à ma main et au papier – un intermédiaire [1]. » Non seulement l'égalité établie entre le corps et Dieu par rapport à l'âme y atteste que chaque réflexion sur le corps implique une métaphysique généralement implicite, mais il s'ensuit en outre ce que Simone Weil elle-même a considéré comme le plus nécessaire à la civilisation moderne, à savoir une « spiritualité du travail ». Celle-ci constituera sa réponse ultérieure à la question ayant trait à la possibilité d'un « travail non servile », dans lequel va se rejoindre une partie essentielle de sa critique sociale ainsi que de sa pensée en matière de science, de philosophie et de religion.

C'est ainsi que se dessine une projection symbolique des lois régissant la matière sur une opération de changement à l'intérieur même de l'homme. Pour Simone Weil, une telle perspective se situe de plus

1. CS, p. 81 ; cf. *ibid.*, p. 204 : la prière pour recevoir « l'empreinte parfaitement exacte de la création ».

en plus au centre de ses efforts analytiques et spéculatifs qui approfondissent les intuitions fondamentales de sa pensée initiale et, simultanément, motivent sa volonté de changer les conditions de vie concrètes. L'élaboration d'une « physique surnaturelle de l'âme humaine », qui s'effectue en poursuivant la description phénoménale du monde extérieur des objets et de sa maîtrise scientifique méthodique, est donc motivée par la prise de conscience de ce que « les mécanismes surnaturels sont au moins aussi rigoureux que la loi de chute des corps[1]. »

Cette causalité absolue du surnaturel rappelle le règne moral kantien structuré similairement et qui prend congé de tout romantisme pour autant que ce dernier se sert de la nature extérieure avant tout comme miroir de ce que l'individu ressent subjectivement. De l'autre côté, la critique weilienne du scientisme indique qu'il ne faut pas intégrer a posteriori les résultats obtenus par la technique ainsi que par les sciences physiques et naturelles dans la philosophie ou la religion, pour y répondre à un certain sentiment de manque d'efficacité épistémologique et pratique. Il convient plutôt de regarder et les sciences et les religions à la lumière de leur origine d'une source commune, telle qu'elle existe dans la beauté. Car contempler la beauté suppose la relation à un monde phénoménal unifié et, grâce à une telle manifestation perçue, l'homme parvient plus facilement à une lecture intégrale de l'Être qui englobe aussi

1. E, p. 224 *sq.* ; cf. *ibid.*, p. 85.

sa propre destination. C'est ce que Simone Weil fait de la façon la plus systématique dans les divers essais rédigés entre novembre 1941 et mai 1942, dont la publication posthume a pour titre *Intuitions préchrétiennes*. La méthode pratiquée de cette « lecture » conduit, quant aux contenus, vers une symbolique universelle de la Croix, fruit concret d'une synthèse déjà nommée des deux procédés complémentaires pour approcher le réel, à savoir le décèlement général et objectif de la causalité ainsi que sa métaphorisation esthétique et religieuse.

Lecture des symboles

Tous les deux doivent satisfaire à l'exigence universelle de la raison et les catégories transcendantales, saisies dans leur genèse pratique, a priori y jouent un rôle de médiation entre le monde et lui-même en tant que symbole et condition de travail. Dès lors, la spiritualité recherchée du travail se définit par la « lecture convenable des symboles », comme par exemple dans les semailles et le labourage des travaux agricoles et les mouvements circulaires ou en ligne droite quant au travail industriel. Une « culture » à base scientifique, technique et théologique est alors indispensable pour une synthèse des différentes formes de cette connaissance, qui instruit finalement l'homme au sujet du processus de la « mort spirituelle » représentant pour lui la finalité véritable[1]. En

1. Cf. M. Bourgeois, *La Spiritualité du travail selon Simone Weil*, thèse, faculté libre de théologie protestante, Paris, 1961,

définitive, c'est réclamer une « méditation sur le symbole Christ », afin que l'action elle-même devienne « prière ». Il en découle à son tour que la symbolique universelle weilienne implique nécessairement une ébauche christologique, dont l'importance donnée à la corporéité « instrumentale » fournit une première indication. Néanmoins, la question se pose si son œuvre n'encourt pas le danger d'une interprétation purement esthétique. Il serait trop simple de repousser une telle critique sans peser ses incidences, mais elle présuppose de son côté au moins une division déjà accomplie de la connaissance en différents domaines de compétence épistémologique, ce que Simone Weil rejette. La manifestation du réel exige de la part de l'homme, étant principalement ouvert au monde, qu'il se tourne aussi en fait résolument et entièrement vers la réalité. Il faut donc que la description de ce lien fondamental entre la conscience humaine et le monde soit aussi complète que possible. La transition du problème d'analogie au symbole dans la critique de la connaissance n'est pas un abandon du projet cartésien d'une *mathesis universalis* en soi, mais les vérités de rapports purs que la connaissance suppose comme fondement d'abord théorique, ensuite technique, à la pluralité des phénomènes, doivent être comprises en outre comme symboles d'une relation plus profonde. Car en tenant compte de l'appréhension symbolique de la réalité, il est pos-

---

p. 45-75 : « La symbolique » ; pour les citations ici, cf. p. 12, 60, 63.

sible de sortir du cadre trop restreint de l'idéal cartésien, qui entraîne en effet une factualisation (*Vergegenständlichung*) totale du réel à cause de sa tentative d'exprimer l'Être par la seule terminologie conceptuelle admise. Que Simone Weil approuve des penseurs chez lesquels la réflexion est liée essentiellement au langage symbolique sans que la rigueur analytique en souffre [1] constitue bien la preuve extérieure d'une conséquence de sa propre pensée. Au demeurant, Kant remarque dans la *Critique de la faculté de juger* (chapitre 59) que la représentation symbolique concerne la forme de la réflexion, mais non son contenu, parce qu'aucune intuition sensible ne peut correspondre aux concepts de la raison pure. Si donc Simone Weil introduit par exemple la notion du mécanisme dans le domaine surnaturel, loin d'affirmer une égalité de substance entre les deux, elle ne fait que réfléchir sur le mode de leur stricte causalité respective où ils concordent. En choisissant par exemple le symbole du levier, on peut dire qu'il se prête à la lecture d'une similitude représentative des lois cinétiques relatives au rapport des forces physiques et d'un processus de changement exigé de la part de l'homme : « analogie fondamentale entre le monde et la pensée est le rapport du haut et du bas dépendant de la pesanteur. Tout ce

1. E, p. 224 : « L'œuvre entière de saint Jean de la Croix n'est qu'une étude rigoureusement scientifique des mécanismes surnaturels. La philosophie de Platon aussi n'est pas autre chose. » Cf. C I, p. 152, 159 ; C II, p. 14.

qui suggère une montée suggère une augmentation de valeur... Levier. Monter en abaissant. Il ne nous est peut-être donné de monter qu'ainsi... monter est surnaturel[1] ».

Pensée et perception

Le cheminement réflexif de Simone Weil passant par la description du monde extérieur d'objets (sciences physiques et naturelles, travail) et la structure de nécessité pure ainsi que l'harmonie que la pensée fait naître en lui prépare ainsi à l'analyse du sujet : « Toute la morale est donc contenue en puissance dans les mathématiques ; il faut surmonter sa tendance à se laisser aller au hasard, qui est le péché des péchés, le péché contre l'Esprit[2]. » Éliminer le hasard ou, pour le moins, le limiter constitue l'intention motivant toute action du point de vue technique et pratique. Cependant, la liberté du sujet, puisqu'elle doit, par nature, se traduire en actes pratiques, obéit également à une structure de nécessité générale. Celle-ci est inaccessible à la simple introspection, n'apparaissant en fait que là où, dans le doute, le sujet saisit l'appel à la perfection, qui est toujours la marque distinctive de l'esprit.

Or, penser implique toujours juger et, par consé-

---

1. C I, p. 188 *sq.* ; cf. E, p. 225.
2. LP, p. 144 ; cf. *ibid.*, p. 105 *sq.*, 224, 229 *sq.*, 254 ; OL, p. 116.

quent, c'est une intervention qui modifie le monde, sans d'ailleurs attendre l'action méthodique, mais déjà par la seule sélection opérée constamment dans un monde nous envahissant par la voie des sens qui en saisissent une partie et en refusent d'autres. Douter de tout ce qui s'offre comme manifestation, c'est donc la prise de conscience d'une telle possibilité de la pensée sélective, s'accomplissant à l'ordinaire « mécaniquement » et laquelle, jusqu'à cet acte, ressemble plutôt à l'arbitraire qu'à la liberté qui, en tant que jugement, renferme l'exigence d'une justification de l'intervention mentionnée.

Il n'est pas nécessaire de retracer ici tout le contenu réflexif du *cogito* cartésien, comme Simone Weil le fit d'une manière approfondie et originale vers la fin de sa formation philosophique en composant le travail de diplôme d'études supérieures, intitulé *Science et perception dans Descartes.* Il s'agit plutôt de poursuivre la découverte des bases à partir desquelles s'annoncent des propres accents d'une théorie de la lecture et, par là, aussi, les virtualités de son développement spéculatif ultérieur. Sur les plans tant philosophique que personnel, les prémisses s'en situent avant tout dans le thème de l'imagination, qui élargit le problème de l'analogie dont nous avons essentiellement tenu compte jusqu'ici.

Toute préoccupée qu'elle était d'un contact sans mélange avec la réalité, il est évident que ce problème allait dépasser le cadre de la seule théorie de la connaissance, pour passer forcément dans le domaine ontologique concernant l'homme dans sa totalité, c'est-à-dire avec son rapport aussi bien éthique que spirituel au monde. Lorsqu'elle parle de la « peine presque insurmontable que me coûte un jugement libre », cela en est une indication nette, et notamment de la relation de l'homme au temps de même qu'aux impressions émotionnelles : « Illusion que le temps m'apportera par lui-même courage, énergie... Il s'agit de se créer une habitude. Dressage... Le manque de souplesse de l'imagination. Obstacle à vaincre méthodiquement. Second écran entre la réalité et toi. Beaucoup plus difficile. Il s'agit de tout autre chose qu'un dressage. Mais précieux... Couper sans pitié tout ce qu'il y a d'imaginaire dans le sentiment[1]. »

Mais d'où provient au fond cette peine que demande un jugement libre et donc juste ? Elle résulte du fait que le monde et la pensée ne se trouvent pas face à face séparément, mais sont à chaque occasion déjà en corrélation réciproque due à l'action et la réaction, l'acceptation et le refus, soit précisément à cet « être ambigu » qui est à proprement parler l'imagination[2]. À celle-ci, en tant que « lieu » où se rencontrent le *moi* et le monde, est par conséquent attribuée dès le début une fonction centrale, à savoir comme forme rendant possible l'émergence et une première structuration de connaître au sens plus large. Car il faut admettre que la certitude du « je pense » ne m'instruit que sur mon existence, sans

1. C I, p. 19 ; cf. *ibid.*, p. 13, 166.
2. S, p. 61.

dire quelque chose sur le monde lui-même. De l'autre côté, cependant, cette position intermédiaire équivoque de l'imagination est d'emblée la marque d'une négativité, pour autant qu'elle est déclarée « seule cause de toutes mes incertitudes et de toutes mes erreurs [1] ».

Simone Weil tente manifestement ici de donner un sens positif à une contradiction que l'on rencontre chez Descartes. Celle-ci consiste en ceci que, dans les *Regulae*, rédigées vers 1628, la physique mathématique se fonde sur l'intuition imaginative, tandis que les *Meditationes de prima philosophia*, datant de 1641, en donnent une explication rationnelle, si bien que l'imagination n'y possède plus qu'une valeur d'utilité pragmatique pour la vie, comme le montre surtout la sixième « Méditation ». Cette ambiguïté, Simone Weil ne s'en sert pas afin de réduire le champ ou le rôle de l'imagination, mais elle en déduit pour sa pensée la corrélation possible entre réalisme et idéalisme, ce qui lui fait accepter tout de même aussi un certain dualisme : « Si on passe du solipsisme à la connaissance de la réalité en passant par Dieu, comme dans Descartes, où le mal peut-il s'introduire ? La non-dualité est en même temps non-terreur, non-angoisse. » Exprimée en catégories de lecture, une pareille transition du « solipsisme à l'identité suprême par le monde » implique l'appréhension de la réalité dans une « coordination entre les lectures simultanées et suc-

1. *Ibid.*, p. 71.

cessives », c'est-à-dire un « accord » avec les « lectures » d'autrui et avec moi-même en tant que passé et futur. Cette concordance étant en définitive invérifiable, l'identité intégrale est un postulat qui renferme un caractère d'éternité[1]. Une telle idée nous rappelle que Simone Weil, outre qu'elle partage des convictions cartésiennes, renoue aussi avec Platon ; car dans sa doctrine de l'*eikasia* au sens de « conjecture », cette dernière est en effet équilibrée par une pensée saisissant les rapports qui dissipent les ombres de la Caverne[2].

Or, le but autant que le point de départ de ce cheminement philosophique impliquent toutefois que notre état naturel est d'abord l'erreur et que l'acte de la découverte du vrai s'accomplit entre un « penser mal » et un « penser bien », celui-ci englobant la libre correction de l'imagination trompeuse qui, comme chez Sartre d'ailleurs, possède une fonction à la fois constituante, isolante et anéantissante. Cela fait comprendre pourquoi Simone Weil adopte sciemment un point de vue précritique à l'égard de l'imagination, car la sensibilité ne fait pas que donner des objets, comme c'est le cas chez Kant, mais ses erreurs nous apprennent que, derrière elle, et incontrôlée par la raison, il existe une volonté libre trop empressée, telle que Descartes l'expose dans la quatrième « Méditation ».

Cependant, la connaissance et l'erreur ne pour-

---

1. C I, p. 233, 225.
2. *République*, 510 a-b.

raient se trouver enracinées dans le fonds commun qu'à la condition qu'il possède lui-même déjà une nature double. Simone Weil l'indique clairement en employant d'une part la notion de l'« imagination trompeuse » et, de l'autre, celle de l'« imagination docile ». Cette opposition ambiguë est une expression nécessaire de la position jamais neutre de l'imagination entre le monde et l'esprit humain, dans la mesure où elle est précisément la faculté de l'homme orienté vers le monde. Nous nous bornerons ici à retracer de plus près cet aspect de l'imagination, par lequel le réel est faussé, puisque c'est surtout à travers cette analyse et cette critique que percera la particularité philosophique de Simone Weil.

Imagination et nécessité

Car pour autant que les idées simples et claires, telles que celles du nombre, du mouvement rectiligne et de l'étendue par exemple, sont qualifiées de « filles de l'imagination docile », qui y est guidée par l'entendement afin de permettre dans la science et le travail l'emprise recherchée sur le monde, à cet égard, donc, il n'en résulte guère de différence par rapport à ce que Kant expose à propos du « schématisme » du pouvoir de représentation transcendantale. En ce sens-là, l'imagination n'a rien à voir avec la folle du logis ou l'arbitraire ; elle-même y est justement soumise à une nécessité, qui ne nous fait voir immédiatement autre chose qu'une droite pensée au préalable, quand deux points sont donnés à percevoir, renfermant simultanément mouvement, distance, direction et proportions. Ce fait étant constitutif pour la perception, il justifie encore une fois de plus pourquoi il fut possible d'esquisser ci-dessus une continuité entre la géométrie et le travail. En effet, tous les deux se laissent rattacher au corps percevant qui est, par lui-même, une disposition à agir méthodiquement et fonde ainsi une première unité des objets antérieurement à toute réflexion, comme l'expliquent aussi les *Regulae* XII, car c'est toujours à la suite d'un déplacement que les sens se tournent vers les objets. À constater que chez Husserl la perception est un préalable de la conscience, tandis que celle-ci comporte une structure perceptive globale chez Merleau-Ponty, on peut dire, partant de l'héritage de Lagneau, que pour Simone Weil la perception est alors essentiellement une détermination de l'imagination : « Lecture... La perception, comme l'illusion, enferme de l'imagination de premier ordre, plus de la nécessité. La nécessité est essentiellement étrangère à l'imaginaire. »

Pourtant, la nécessité mentionnée ne saisit jamais tout de suite le champ entier de la perception, car avant de devenir l'objet aux contours nettement tracés en vue de mon action, le monde est cause d'émotions que nourrit l'imagination non réglée. Le corps n'est pas qu'un instrument passif de l'action, il est exposé par les impressions sensibles au monde de telle manière que tout devient motif de joie ou de douleur, qui jouent déjà un rôle primordial chez Spinoza. Or, la volonté n'ayant pas de prise directe sur ces états affectifs, ni sur le monde en tant que cause d'eux, l'imagination dote le monde d'une puissance fictive, et celui-ci, en raison des convergences fortuites avec les « désirs déréglés » d'une volonté trop prompte, est interprété chaque fois alors dans un sens hostile ou favorable. On voit donc attribuer au monde des « passions », mais seul le sujet saurait en être l'origine. Partant de là, il s'ensuit une définition supplémentaire de l'imagination, qui contient, dans toute sa clarté souhaitable, les éléments susceptibles de développement ultérieur : « Appelons imagination ce transfert dans l'objet de ce qui a lieu dans le corps du sujet [1]. »

L'imagination est donc ramenée à des mouvements corporels dus aux sentiments qui se laissent constater d'abord comme réflexes, à la suite desquels l'objet qui les provoque ne peut plus nous apparaître comme indifférent. Mais l'objet est en quelque sorte comme mutilé ou morcelé parce que les affections du corps peuvent déterminer en nous la représentation des objets extérieurs et que les idées sont livrées de cette façon à l'imagination. Elle-même n'est donc pas une faculté de penser en images, mais une surdétermination du réel à laquelle se rattache toujours un aspect idéologique qui peut aller jusqu'à l'idolâtrie. D'ailleurs, l'imagination ne peut jamais être perçue en soi, car elle se situe entre la sensation en tant qu'action sur le corps et l'ordre que l'esprit établit à

---

1. LP, p. 33 ; cf. C I, p. 146 ; C II, p. 72 *sq.*

travers elle. Il est possible d'y discerner alors un aspect créateur, inspirateur et constructif, mais il faut aussi distinguer une imagination collective, imprégnant toute la pensée, de celle qui ne fait qu'accompagner l'analyse.

Toutefois, ce qui importe généralement à Simone Weil, c'est sa tendance à se manifester comme « imagination combleuse des vides[1] », biais par lequel le moi essaie, de façon imaginaire, d'atténuer, voire nier tous les dangers qui menacent sa conscience d'être une « personne » possédant des « droits ». Par là, l'imagination, pour autant qu'elle exprime le sentiment d'une existence singulière, se rapproche de l'« affectivité » heideggérienne (*Befindlichkeit*), qui se manifeste sans cesse comme « souci » ou « préoccupation » (*Sorge*) de la part du sujet. Ce rapport de l'imagination avec l'existence subjective, Simone Weil l'a ensuite synthétisé dans son concept de lecture, dans la mesure où le vide permet en principe des lectures en « infinités superposées abstraitement entrevues », la lecture réelle ne comportant qu'un nombre restreint de « systèmes saisis et lus dans les apparences sensibles ». Ceux-ci sont établis au cours de l'accomplissement concret de l'existence vécue, c'est-à-dire donnés en même temps que « le sentiment d'existence unique continuellement sous-jacent[2] ».

---

1. Cf. LP, p. 146, 270, 282 ; C I, p. 153, 156 ; C II, p. 17.
2. C I, p. 212 ; cf. C I, p. 157.

De l'importance du corps

Cela fait comprendre une fois de plus la grande importance accordée chez Simone Weil, dès le début, au corps. Pour autant qu'on réduit son rôle à celui d'une « chose » au sens d'un « instrument », il convient d'interpréter les sensations éprouvées par le corps comme de simples signes relatifs à l'étendue du monde, que l'entendement lit à travers la perception. Mais si l'on entend la relation du corps au monde uniquement sur le plan de l'effet que le monde provoque en lui sous forme de réaction, il y a alors un mélange permanent du monde et de l'esprit, qui est la caractéristique de l'imagination au sens négatif. Toutefois, notre corps étant et demeurant principiellement le mode singulier de notre ouverture par rapport au monde, jamais une solution envisagée par sa suppression ne pourrait satisfaire, car elle ne ferait que prouver encore plus nettement à quel point la réaction au monde dicte l'action. Mais comme les idées sont liées entre elles à l'aide du pouvoir d'imagination reposant, de son côté, sur les attitudes du corps, il suffit de modifier ces comportements corporels pour entraîner une modification dans l'enchaînement des idées. Une fois l'imagination liée à l'être corporel, il en ressort maintenant clairement comment ce dernier détermine, en tant que lieu d'où part le champ de relation du sujet au monde, le « point de vue » de l'imagination qui conditionne, de son côté, le processus de transfert intérieur mentionné, se référant justement à cette condition physique, afin de trouver une apparence légitime pour les passions attribuées au monde. Lorsque l'imagination se réclame en effet de la facticité lui paraissant réelle de la perspective donnée dans la perception, elle essaie au fond d'inférer une interprétation pseudo-métaphysique de cette condition du corps selon laquelle les données physico-physiologiques de la perspective expliquent suffisamment la situation limitée de l'homme, qui ne serait alors plus appelé à juger cette relativité de la finitude à la lumière d'une instance supérieure. Dans cette interprétation arbitraire d'elle-même, l'imagination se dévoile comme fonction du sujet percevant en général, à telle enseigne que toute connaissance doit paraître à ce moment comme étant livrée au « point de vue » qui dénote toujours un intérêt. Or, si l'on s'en tient à l'étymologie de ce mot, *inter-esse* signifie « se placer-entre-les choses ». Par là, il devient manifeste qu'une phénoménologie de la perception oblige à l'analyse réflexive du sujet. Cette analyse le fait indubitablement identifier comme un centre d'alignement des phénomènes qu'il constitue et prépare subjectivement à être des objets de la connaissance. Cette nature non transcendantale de l'imagination liée au comportement corporel, qui ne se préoccupe pas de la vraie nature des choses à cause de son fonctionnement dans la perspective la soumettant à la seule réaction soucieuse du sujet, souligne le fait qu'une connaissance pure n'est guère possible en dehors d'une critique des « passions de l'âme ». Toujours présente dans la tradition philosophique, la permanence attestée de la corrélation existant entre la vertu et la pensée renvoie *eo ipso* à la philosophie grecque, de sorte qu'il n'est pas étonnant de voir Simone Weil trouver chez Platon l'imagination figurée dans les chaînes des captifs qu'évoque le mythe de la Caverne [1]. Comme on sait, la libération y est décrite, dans toutes ses étapes jusqu'à la sortie de la Caverne, comme un processus douloureux concernant l'homme tout entier, ce qui illustre à nouveau, au moins pour celui qui s'y engage, combien il en coûte de se détacher d'une représentation imaginaire de la réalité. Certes, il convient de retenir que l'imagination conserve fondamentalement ses bases géométriques tout en imprégnant les sensations et les émotions de l'état de croyance changeante dont la conscience reste responsable, malgré ses limites subjectives.

Ainsi ce fondement géométrique constitue-t-il une ultime frontière face aux interprétations entièrement arbitraires, de même qu'il maintient la cohésion avec les mouvements corporels proportionnés. Mais malgré cette distinction nécessaire, à savoir l'imagination en tant qu'intuition géométrique et conçue comme croyance subjective, il ne faut pas oublier que, par sa faculté d'affecter les représentations en général, elle constitue pour le sujet un moyen essentiel, lui permettant de relier des signifi-

---

1. *République*, 514a-b, 516d-e et le commentaire chez Simone Weil, LP, p. 284-286 ; cf. aussi C I, p. 145 *sq.*

cations entre elles avant qu'elles ne se scindent en un dedans et un dehors. Sans aucun doute l'habitude tant personnelle que culturelle y joue-t-elle un certain rôle, mais il n'empêche que le processus de séparation entre la réalité interne et la réalité externe est marquée d'une empreinte chaque fois si particulière que seule une conscience individuelle, dans des limites données, serait à même de la décrire intégralement. C'est pourquoi Simone Weil pourra écrire plus tard dans son *Essai sur la notion de lecture*[1] : « Car ce que nous appelons "le monde", ce sont des significations que nous lisons ; cela n'est donc pas réel. » Supporter cette tension régnant entre la réalité en soi et son interprétation subjective implique de toute évidence des dimensions éthiques autant que religieuses de la compréhension de l'être. Car si le réel et ce qui est lu en lui ne sont pas pleinement identiques, c'est parce qu'il ne s'agit guère là d'un simple problème de connaissance se posant à partir de l'entendement théorique dans le cadre d'une réflexion s'inspirant à la fois de Descartes et de Kant. La question de l'élément irrationnel quant aux apparences intéressant l'analyse des sensations incite plutôt à s'interroger si, à partir du désir subjectif, ce qui est désiré n'est pas, d'une façon générale, déclaré précipitamment le sens en soi. Il s'ensuit un objet d'examen complémentaire, à savoir précisément si l'on n'infère pas d'une pareille identification du désir

1. *Les Études philosophiques* n° 1, nouvelle série (janvier-mars 1946), p. 13-19 ; ici et pour la suite, p. 14 *sq.*

au sens tout simplement des motifs d'action qui, par là, s'offrent déjà comme apparemment légitimés.

Le nom du ressenti

Pour cette raison, l'importance métaphysique de la problématique des sensations repose sur deux facteurs. Le premier consiste en ceci que, à chaque instant, les significations perçues successivement s'imposent à la conscience avec une évidence irréfutable. Le second tient à ce que ces significations contiennent comme résultat de lecture des modes d'apparence qu'il ne convient précisément pas d'entendre en tant que simples adjonctions à l'impression ressentie. C'est surtout ce facteur qui est exposé dans l'*Essai sur la notion de lecture* : « Ce qui est singulier, c'est qu'il ne nous est pas donné des sensations et des significations ; ce que nous lisons nous est seul donné ; nous ne voyons pas les lettres [du monde comme texte d'expérience]. » Ce qui est lu, et avec cela la synthèse perceptive comme lecture, ne se laissent pas diviser directement en une apparence d'un côté et en une interprétation, ce qui empêche justement une délimitation des deux parties sans équivoque. Sur tout ce qui nous environne – phénomènes naturels aussi bien qu'êtres humains –, les apparences, sitôt acceptées par le sujet dans son jugement, ne subsistent plus qu'en tant que significations et ne sont donc guère concevables autrement. Ainsi, la raison de haïr quelqu'un semble être

« réellement » inscrite dans son visage, lorsqu'il se présente devant moi, et tout ce qui est perceptible de lui est rendu répugnant par une telle lecture, de sorte que c'est seulement du haïssable qui s'avance vers moi. À l'inverse, la même observation s'applique à ce qui est aimable. Ne s'agit-il donc de rien d'autre que d'un sentiment à chaque fois ? Ou seulement de quelque effet de l'imagination ? Est-ce que la différence entre le plan réservé aux signes et la valeur attribuée aux symboles se trouve effacée ? Dis-je trop, d'une façon générale, plus que je ne puis savoir lorsque, suivant une remarque de Protagoras, « je donne un nom à ce que le ressens[1] » ?

Seule l'insertion de la structure sémiotique de la sensibilité dans la notion de travail offrait un moyen d'échapper à un tel scepticisme. Cette façon de procéder correspond d'ailleurs à l'influence de Maine de Biran[2] que subirent Alain et Simone Weil car, d'après lui, le monde et le *je* n'arrivent à être présents dans la conscience que grâce à l'effort basé sur la volonté. Dès lors que l'idée de travail se rapporte aussi bien à la constitution d'actes qu'à celle des objets, il en découle également une conceptualisation possible de la « transformation des significations ». Le travail y permet à la fois une conquête suivant le « projet »

1. Cf. CS, p. 50. Ce problème de la nomination donne aussi le ton philosophique à son « expérience mystique » ; cf. PSO, p. 81 ; AD, p. 38.

2. Cf. SP II, p. 423 ; C II, p. 228. Voir aussi sur l'importance du travail : Robert Chenavier, *Simone Weil. Une philosophie du travail*, Cerf, 2001.

d'action voulue et une perception de la « limite » qui modifie les réactions du sujet, lorsqu'il la rencontre en tant qu'« obstacle » représentant le monde. C'est-à-dire que si « je crois ce que je lis, mes jugements sont ce que je lis, [et] j'agis d'après ce que je lis », ou formulé autrement, si mon être entier, qui perçoit sans cesse, consiste en des significations m'assaillant de toutes parts, la solution d'une certaine libération doit provenir du pouvoir donné d'arriver à une lecture modifiée par une autre « combinaison de signes ». Sans aucun doute cette possibilité reste-t-elle restreinte à l'égard de l'univers, malgré toutes les forces accumulées tant sur le plan individuel que collectif. Mais le travail, considéré comme une méthode indirecte à appliquer dans le cadre des conditions physiques, est incontestablement en mesure, à la différence de simples souhaits, par exemple, de modifier les apparences mêmes en les transformant activement, et de provoquer ainsi la manifestation d'autres significations.

Quant à la deuxième possibilité de changer en soi-même des significations lues par le *moi* dans les apparences, elle est tout aussi difficile et soumise à une méthode indirecte. Ainsi, un ciel nuageux, à la différence d'un firmament étoilé, montre, par son changement permanent des nuages défaits et formés de nouveau, ce moment d'hésitation qui se situe entre le début et la fin d'une détermination de signification opérée par l'imagination. Étoiles et nuages ne sont accessibles qu'à la contemplation et ne forment des objets d'une transformation que par le travail. Cependant, le ciel nocturne clair s'offre à nos yeux de telle sorte qu'on dirait que la nature a pré-tracé à l'observateur des « rapports simples », dont la « relationalité » apparaît à la compréhension du sujet humain, malgré sa finitude, comme un objet de connaissance infini « immédiatement » accessible. À la mesure des connaissances accumulées, qui incluent un élargissement du champ d'observation dû aux instruments et donc parallèlement au travail, l'intelligence de la détermination augmente, tandis que l'image des nuages permet toute représentation voulue sans que cela aboutisse à quelque signification définitive pour l'imagination. De la même manière, « nous ballottons, dans la vie ordinaire, entre les choses que nous ne pensons pas concrètement », soit parce qu'elles nous paraissent trop familières, soit parce qu'elles nous étourdissent ou nous distraient. Nous essayons d'échapper à cet état avec l'aide des « symboles maniables » que nous procure par l'exemple l'intellect calculateur.

« Seulement, ces symboles ne sont pas le monde[1]. » Dans un sens plus restreint, cela est aussi valable pour le langage des symboles scientifiques, dont nous avions rencontré un exemple spécifique dans l'algèbre. Certes, celle-ci exprime la nécessité intelligible par laquelle « [on transforme] une contrainte en obstacle[2] », c'est-à-dire que des choses semblant

1. LP, p. 240 *sq.*, cf. C I, p. 192 : « Nous ne savons pas pourquoi il y a des symboles dans le monde. Mais non plus pourquoi la géométrie euclidienne s'applique. »

2. LP, p. 97 ; cf. *ibid.*, p. 72 *sq.* ; C I, p. 151, 192.

d'abord impénétrables font finalement partie d'une série ordonnée en vue d'une intervention mesurable. Il n'en reste pas moins que la réalité n'apparaît que lorsque nous nous apercevons que la nature n'est pas seulement un obstacle qui nous permet d'entreprendre une action méthodique, mais représente aussi un obstacle qui nous surpasse infiniment. Or, c'est précisément dans la contemplation du firmament étoilé que cette double expérience devient accessible. Les apparences données par les sens sont aussitôt transparentes à l'entendement, quoique dans certaines limites, et, en plus, la perception implique le sentiment qu'elle y saisit quelque chose d'« éternel » et de « pur ». Il n'est pas nécessaire de recourir au raisonnement lié à un langage symbolique formel pour voir quelque chose « derrière » les apparences, et il ne faut pas non plus procéder à une réduction des mécanismes de l'imagination, car leur interprétation des significations n'a plus de motif d'être poursuivie en raison de l'« identité dans la variété » saisie par les sens.

Une telle expérience s'accompagne de joie à titre de consentement à une « harmonie entre l'esprit et la nature », car l'infinité des phénomènes à déterminer s'avère accessible aux limitations harmonisantes effectuées par le sujet. Chaque fois qu'une telle perception se présente d'une façon aussi inattendue, c'est le sentiment d'une beauté accordée qui prévaut. La souffrance, par contre, abolit ou suspend ce rapport. En général, elle prive le sujet de la « possibilité de lire » en détruisant en somme ce « lien du signifié au signe ». Ou elle ira même jusqu'à établir une « symbolique » nouvelle entraînant une perception du monde où des choses sont reliées entre elles avec des significations douloureuses qui n'existent nullement quant aux mêmes choses prises chacune séparément. La conséquence en est que « [la perte] de l'univers » est devenue comme la situation fondamentale de la lecture du monde, quoiqu'il subsiste dans la conscience encore une certitude obscure « qu'il [le monde] continue d'exister. On le sait, mais on n'en est pas bien sûr. Il s'agit de devenir tel qu'on en soit sûr. Rien de plus. Cela suffit[1] ».

Une anthropologie mystique

Après ce qui précède, le problème fondamental de la lecture consiste donc à produire ce qui est subjectivement signifiant pour tel ou tel sujet en se répercutant sur sa conscience avec une modification réelle. Et cela fait ballotter sans cesse l'individu entre la perte et la possession présumée du monde. Afin d'obtenir une constance de la réalité, il faut alors coordonner les concepts de travail et de beauté, sur quoi il conviendra de finir. Si l'action méthodique montre la possibilité de pouvoir agir sur tout phénomène grâce à sa « relationalité » qui le relie à chaque instant à l'infinité des autres objets, la beauté est, quant à ce rapport, la certitude éclatante, au sens

1. C II, p. 29 ; cf. C I, p. 93 *sq.*, 128 ; cf. C III, p. 112.

propre du terme, de cette accessibilité universelle : « Le beau est un témoignage que l'idéal peut passer dans la réalité[1]. » Or, avec chaque instrument, la sensation ressentie par le corps est comme transférée à l'intérieur d'un tel outil, comme nous l'avons déjà fait remarquer. Ainsi, je « lis » des inégalités dans le papier à la pointe même de mon stylo, alors que les impressions tactiles de la main ne deviennent guère conscientes en dehors d'une analyse réflexive attentive. Les yeux aussi sont de tels instruments quand je porte le regard sur quelque chose, que ce soient les étoiles ou l'objet le plus simple. Rien ne paraît donc plus conséquent que de contempler de la même manière « l'univers entier pour moi, par rapport à mon corps », c'est-à-dire de s'en servir comme d'un instrument de lecture. Dès lors, « l'univers [serait] à mon corps comme un autre corps[2] ».

Une telle anthropologie orientée sur les implications métaphysiques de la perception ainsi que sur une certaine cosmologie amène à s'interroger enfin sur le prix véritable que demande le détachement transcendantal et pratique au sein d'une philosophie réflexive avec des accents axiologiques indubitables. Car si tout objet et toute sensation peuvent donner lieu à sentir à chaque moment l'univers entier et à le faire « rentrer dans le corps », l'idée principale concernant l'analyse du sujet devait conduire Simone Weil à affirmer que « restreindre son amour

---

1. LP, p. 243 ; cf. *ibid.*, p. 260, 273 ; C III, p. 43.
2. C I, p. 127 *sq.*

au sujet pur, et l'étendre à tout l'univers », c'est une seule et même chose. Dans la mesure où une telle réalisation n'est pas confinée dans le domaine général d'un intérêt vague pour le monde dans son ensemble, mais qu'elle concerne la modification de la lecture sensible elle-même conçue comme un travail, l'intentionnalité reçoit également, pour sa part, une finalité concrète et universelle à la fois. Le but du « travail de signification », pour le formuler ici sommairement[1], consiste dans une connaissance attentive, apte à discerner la « relationalité » pure de la nécessité du monde, laquelle se manifeste en même temps comme beauté : « Cet univers sensible où nous sommes n'a pas d'autre réalité que la nécessité ; et la nécessité est une combinaison de relations qui s'évanouissent dès qu'elles ne sont pas soutenues par une attention élevée et pure. Cet univers autour de nous est de la pensée matériellement présente à notre chair[2]. »

Par conséquent, il ne faut pas que, apparaissant souvent comme un événement qui contrarie l'homme, voire une force d'anéantissement brutale inacceptable pour lui, la nature de ce fait fasse oublier que toutes ses manifestations sont comme enveloppées par « la présence invisible d'un réseau de limites sans substance et plus dures qu'aucun dia-

1. Cf. *ibid.*, p. 132. C'est, d'une manière plus développée, le sujet de notre étude : Rolf Kühn, *Deuten als Entwerden, op. cit.* dont certains chapitres sont repris dans CSW (2003).

2. E, p. 247 ; cf. EL, p. 167.

mant ». Ce caractère immatériel de la limitation des phénomènes requiert que cette dernière s'accomplisse « sans force ». Au plan de l'histoire des idées, on retrouve une telle conception, par exemple, dans la « persuasion sage » platonicienne de la nécessité par la raison, qui conduit la plupart des choses en devenir vers le meilleur [1], mais elle est également présente dans la représentation de Dieu des livres sapientiels bibliques, où c'est Dieu qui assigne aux forces de la nature un espace pour que la vie y surgisse [2].

En systématisant sa démarche spéculative, Simone Weil fera correspondre à une pareille constitution de l'objet par la « relationalité » universelle une formalisation visant le sujet, selon laquelle le support du détachement, à savoir le je pur ou transcendantal recherché, ne saurait accomplir cette intuition de la nécessité relationnelle et immatérielle dans son ensemble ainsi que dans chaque objet singulier que grâce à l'« attention pure ». Autrement dit, une telle idée du monde doit se faire sans la moindre fixation subjective d'énergie « égoïque » (*ichlich*) qui, à vrai dire, assujettie au besoin, fait elle-même partie des forces qui règnent à l'intérieur du monde. C'est qu'avec la perte d'une telle attention, qui est justement détachée de toute valeur à signification particulière, s'effondre également la forme pure du

1. Platon, *Timée*, 48a.
2. Psaumes 104, 9 ; Genèse 1, 6 *sq.* ; Job 38, 10 *sq.* Cf. E, p. 243 ; PSO, p. 97 ; EL, p. 166.

monde dans sa totalité (*Weltgestalt*), sur laquelle doit être orienté l'amour concernant l'univers tout entier avec son symbolisme qui fait saisir la soumission de la force ou de la nécessité à l'Amour surnaturel de Dieu finalement. C'est en ce sens qu'on peut parler d'une révélation toute phénoménologique chez Simone Weil[1] puisque cette révélation reste liée à la structure « symbolique » même de notre perception-sensibilité en tant que « lecture ».

1. Cet aspect d'une révélation comme « phénomène absolu » fait l'objet d'une recherche importante entreprise par Emmanuel Gabellieri, *Être et don dans la philosophie de Simone Weil*, Louvain-Paris, Peeters, 2004.

8
Simone Weil et Samuel-Hugo Bergman

par Dominique Bourel

Cette contribution ne veut nullement revenir sur l'épineux dossier des rapports de Simone Weil avec le judaïsme, mais simplement faire état d'une rencontre étonnante entre sa pensée et celle d'un grand penseur juif, venu de la *Mitteleuropa* en Palestine.

Samuel-Hugo Bergman ne fut longtemps connu que pour avoir été le grand ami de Franz Kafka avec lequel il fut en classe et à l'université. Dans son journal, Kafka se souvient « d'avoir eu avec Bergman, pendant mes années de lycée, de fréquentes discussions sur Dieu et son existence possible, discussions que je ne poussais pas très loin – il est probable que je me fatiguais déjà facilement –, mais auxquelles je donnais un tour talmudique que j'avais trouvé spontanément en moi, soit copié sur lui ». Dans ses souvenirs, Bergman confirme le débat : « Franz, à l'époque, passait par une phase d'athéisme, ou de panthéisme, et il voulait absolument me faire abandonner ma foi juive. C'était un très bon dialecticien. Cela se passait un jour de printemps, juste avant les vacances de Pâques et la nuit de Seder, que j'aimais beaucoup à cause de mes parents. Je voulais absolument résister à ses arguments, du moins jusqu'au Seder, et cette fois-là, je réussis à tenir bon – l'habileté dialectique de Franz ne parvint pas à me convaincre. Beaucoup plus tard, lui-même chercha à retrouver la foi qu'il avait vainement essayé de me faire perdre[1]. » Bergman fut un des philosophes les plus éminents de son temps et on doit espérer pouvoir bientôt le lire, en français[2].

Né à Prague en 1883, il étudie la philosophie dans cette métropole intellectuelle ainsi qu'à Berlin et soutient une thèse en 1905 sur la théorie de l'atome. Élève d'Anton Marty, de Franz Brentano – ce dernier lui conseille la conversion afin d'obtenir un poste universitaire[3] – et de Bernard Bolzano, il évolue très tôt en milieux sionistes, membre de la célèbre association d'étudiants Bar Kochba, et se lie avec

---

1. Ernst Pawel, *Franz Kafka ou le cauchemar de la raison*, Paris, 1988, p. 174-176.

2. Les rares textes français sont : « De Kant à Husserl », in *Cahiers juifs* n° 10 (1933), p. 180-187 ; « L'homme et son alliance avec Dieu », in *Renaissance* (juillet 1953), p. 7-23 ; Aron David Gordon, *L'Homme et le philosophe*, Jérusalem, 1962 ; et « Deux textes de S.-H. Bergman », in *Pardes*, n° 12 (1990), p. 219-222. Sur lui on lira la belle étude de William Kluback, « La foi messianique d'Hugo Bergman », in *Archives de philosophie*, n° 55 (1992), p. 35-48.

3. Voir l'édition de la correspondance dans *Philosophy and Phenomenological Research*, n° 7, 1946, p. 83-158.

l'autre grand artisan du renouveau juif, Martin Buber. Sioniste, mais non prosélyte, au témoignage de Max Brod qui l'évoque souvent, il devient bibliothécaire de l'université de Prague entre 1907 et 1919 et sert comme officier dans l'armée autrichienne durant la première guerre mondiale. Très ami de Thomas Masaryk, il n'en décide pas moins de partir pour la Palestine en 1920. Son action sera alors entièrement dévolue à la construction politique et culturelle de l'État. Premier directeur de la Bibliothèque nationale et universitaire de Jérusalem, membre fondateur de la Histadrout, militant pour l'entente avec les Arabes et un État binational, il sera le premier recteur de l'Université hébraïque de Jérusalem où il enseignera la philosophie. Lorsqu'il meurt en 1975, ayant marqué des générations d'intellectuels israéliens, membre de l'Académie israélienne des sciences et des humanités, il laisse une œuvre d'historien de la philosophie et de traducteur de Kant. C'est à lui qu'on doit la création d'un vocabulaire technique de la philosophie en hébreu. Très marqué par l'école de Prague et la pensée de Kant, il a beaucoup entendu de professeurs catholiques ; Marty et Brentano avaient même été ordonnés prêtres. C'est sans doute ce qui explique sa capacité fine de perception de cet univers au sein duquel Simone Weil a évolué. Les relations de cette dernière avec le judaïsme sont bien connues, tant du point de vue biographique que sur le plan de son œuvre[1].

1. Cf. SP ; Paul Giniewski, *Simone Weil ou la haine de soi*, Berg, 1978.

Le *Journal* et les lettres de Bergman [1] contiennent une série de pages qui s'ajoutent à la réception de la pensée de Simone Weil dans un milieu où on ne l'attendrait pas, à Jérusalem [2]. Bergman a commencé sa lecture dans les années cinquante ; le 13 avril 1951, il retranscrit une conversation avec Martin Buber : « Nous parlons de Simone Weil et des convertis et il dit ne pouvoir se représenter qu'un Juif puisse vraiment croire à la Trinité. À des "attributs" soit, mais à des personnes ! Je lui répondis que la différence ne me semblait pas très grande et plutôt une différence dans les mots » (11, 85).

En 1952, il rédige un article sur elle dans une revue d'émigrés allemands en Israël et envisage de prendre même le terme d'« enracinement » pour un mensuel qu'il veut fonder (11, 129). Enfin, c'est lui qui se charge de la notice en mai 1958. Il est ébloui par une pensée et une figure découvertes dans *Attente de Dieu* et *L'Enracinement* : « La lecture des écrits de cette grande femme (en français !) est une expérience formidable. Je suis bouleversé par cette

1. S.-H. Bergman, *Tagbücher und Brief*, édité par Miriam Sambursky, 2 vol., Königstein, 1985, que nous citons directement.

2. William Kluback, « Hugo Bergman's Concept of the God of Israel », in *Ultimate Reality and Meaning* n° 14 (1991), p. 231-238, repris dans son bel ouvrage *Courageous Universality. The Work of Schmuel Hugo Bergman*, Atlanta, Georgia, 1992. Une bibliographie de Bergman se trouve dans *The Writings of Shmuel Hugo Bergman, A Bibliography 1903-1967*, Baruch Sthetman et Shlomo Shunami, Jérusalem, 1968.

foi en Dieu tellement profonde et tellement infiniment liée à une immense intelligence, aussi en matière pratico-politique, et une érudition qui est stupéfiante. Elle est morte si jeune. Elle haïssait son judaïsme comme la mort, et peut-être plus que la mort, car elle aimait et espérait la mort » (11, 119).

Il sténographie des passages entiers et s'interroge sur la signification profonde d'un tel geste philosophique : « Bien sûr, on peut dire, comme le fait Thibon[1], qu'il s'agit d'une voie vers Dieu parmi d'autres, mais peut-être faut-il prendre une position fondamentale face à sa négation du monde, de l'histoire, du progrès. Isaïe dit que la mort sera anéantie ; chez elle, c'est la mort qui exerce la fonction de porter l'homme à Dieu et c'est de là que vient la misère » (11, 120).

Oppression et liberté est pour lui un « livre extraordinaire » et, travaillant à son article de 1959 sur Simone Weil, il établit un parallèle avec le sermon de Paneloux dans *La Peste* : « Cette pensée terrible de voir d'emblée une négation dans la création, de considérer tout le malheur de la création comme donné immédiatement avec elle et de considérer ce refus d'un appel de Dieu pour la sainteté et [de prendre] le salut (tout autre chez la bonne Agnès) et la rédemption du monde comme rien d'autre que l'anéantissement du monde, et aucun espoir en un monde racheté, tout ceci est terrible, aussi

1. Gustave Thibon, *Simone Weil telle que nous l'avons connue*, La Colombe, 1951.

incroyablement courageux que cela puisse être. C'est bien pire que chez Kierkegaard où il y a toujours l'espoir de la rédemption pour le croyant Abraham. Chez Simone Weil, il serait tout à fait normal qu'Abraham conduise son fils à l'autel du sacrifice – c'est ainsi qu'il en va en ce monde – même s'il ne croyait pas que Dieu le lui a ordonné. Mais Dieu n'a rien à dire dans ce monde ; ce dernier appartient à la "pesanteur", au mal, et il est pour ainsi dire normal que la prière de Paneloux pour sauver l'enfant ne soit pas entendue. Qui doit encore vouloir vivre dans un tel monde ? J'en parlais aujourd'hui avec Rivka Uffenheimer qui vint me voir, et à qui je demandais s'il n'y avait pas dans la doctrine du *Zimzoum* quelque chose de voisin. »

Il serait intéressant de confronter la pensée de Simone Weil avec les grands textes de la kabbale comme le suggère Bergman. Il continua de la lire, multipliant conférences et allusions sur son œuvre. Il faudrait donc continuer l'enquête sur l'écho de Simone Weil chez les philosophes juifs et tenter de discerner les motifs de cette fascination et de cette attention.

9
Simone Weil et Hannah Arendt

par Florence de Lussy

Des deux personnalités mises en confrontation, on a privilégié la philosophe Simone Weil. La confrontation devient alors un procédé qui, par le mouvement d'allers et retours et d'oppositions successives où l'on peut voir sa définition, va permettre de mieux définir, par contraste, l'originalité, sinon la marginalité, d'une doctrine. Simone Weil et Hannah Arendt face au totalitarisme et à la guerre – deux époques.

Les deux femmes sont exactement contemporaines. Contrairement à ce que l'on imaginerait volontiers, c'est Hannah Arendt la plus âgée des deux, étant née en 1906. Mais Hannah Arendt est morte en 1975, donc bien après Simone Weil et bien après la seconde guerre mondiale dont elle a connu toutes les horreurs.

Ce sont, de plus, deux philosophes de profession. Simone Weil professa la philosophie, on le sait, durant quelques années après son agrégation, tout en militant avec fougue dans les rangs du syndicalisme.

Hannah Arendt soutint sa thèse sur *Le Concept d'amour chez Augustin* (1929), mais se lança bientôt dans la politique par le biais du sionisme, mouvement auquel elle adhéra dès ses années d'études.

Politique syndicaliste puis pacifiste d'un côté, politique sioniste de l'autre ; puis la brutale accélération de l'histoire et son cours implacable. Hannah Arendt se voua dès lors, mais après le passage de l'ouragan, à l'analyse politique, tandis que Simone Weil, disant adieu à la Révolution, cessa le combat, ne pensant plus qu'à la guerre qu'elle pressentait cataclysmique.

Malgré des bases similaires et bien qu'elles appartiennent à la même tranche d'âge, une génération les sépare, c'est-à-dire une guerre : il y a ceux d'avant le cataclysme et ceux d'après.

L'œuvre d'Hannah Arendt est presque entièrement vouée à l'essai d'explicitation des événements. Celle de Simone Weil les prophétise et elle en meurt. Un abîme dans le temps les sépare donc. D'autre part, elles relèvent de deux mondes différents : pour Hannah Arendt, juive allemande, le sionisme représentait le refus « aussi réfléchi que viscéral de l'assimilation [1] » ; pour Simone Weil, juive assimilée, la « Question juive » ne se posait même pas jusqu'à ce que la guerre et les décrets iniques de 1940 l'obligent à faire état de sa judéité. Par conséquent, deux mon-

1. Préface de Paul Ricœur à l'ouvrage d'Hannah Arendt, *Condition de l'homme moderne*, trad. Georges Fradier, Calmann-Lévy, coll. « Agora », 1983, p. 7.

des les séparent, ce qui explique en partie le ton si différent des écrits historiques et politiques de l'une et de l'autre. Simone Weil dénonce, accuse, prophétise ; elle parle sous l'emprise de l'angoisse, sans rien perdre de sa lucidité cependant. Son œuvre est de résistance, et ce mot est à prendre dans son acception de temps de guerre pour ses derniers écrits. Vision sombre, pessimiste (traversée cependant de quelques éclairs de joie, en 1936, par exemple), marquée par le malheur des temps, avant même que les horreurs n'aient atteint leur comble. À l'extrême opposé de ces prises de position « négatives », Hannah Arendt prône de toutes ses forces l'urgence de reconstruire un espace politique. Contre l'hypothèse centrale du totalitarisme qui repose sur le « Tout est possible », Hannah Arendt va poser l'hypothèse inverse – et tenter de la vérifier –, à savoir celle de la possibilité d'un monde non concentrationnaire.

Ayant connu l'impensable, c'est-à-dire l'expérimentation monstrueuse d'un système qui rend les hommes eux-mêmes absolument superflus, c'est-à-dire de trop [1], Hannah Arendt s'est efforcée de réinventer des raisons de croire à un légitime exercice du pouvoir au sein d'un authentique espace politique. Optimisme fondé sur le courage, donc, et aussi sur un réflexe de survie, qui s'oppose à ce qu'il est bien tentant d'appeler le « pessimisme » de Simone Weil.

1. Paul Ricœur, *ibid.*, p. 12.

Le pessimisme de Simone Weil

La jeunesse militante d'Alain, l'importance qu'il donnait à l'action sociale et à l'action tout court (on parlerait maintenant d'« engagement »), entraînèrent nombre de ses étudiants, devenus ses disciples, dans la voie de l'action politique. On sait l'emprise considérable de ce maître tant admiré sur les khâgneux et il n'est pas inexact de parler de « mouvance chartiériste » comme le fait J.-F. Sirinelli dans *Génération intellectuelle*[1]. Cette impulsion du maître fut décisive sur les éléments les plus généreux de cette jeunesse. Simone Weil participa activement, on le sait, aux séances du Groupe d'éducation sociale en 1928, qui avait pour but de faire renaître les universités populaires. Pour Simone Weil, ce fut là le début d'une série d'actions d'éclat qui scandèrent son combat au service des plus démunis. Elles visaient toutes à tenter de pourvoir le prolétariat de cette clé de l'émancipation qu'est l'accès au savoir ou, plus exactement, l'accès à une certaine maîtrise du savoir par la pensée.

Cette entrée en politique de Simone Weil fut fracassante ; elle fit, comme il se doit, beaucoup de bruit (localement s'entend) et promit beaucoup. Mais ces activités cessèrent bientôt et même assez brusquement. Le grand article « Perspectives » (paru

1. Fayard, 1988, p. 83.

dans *La Révolution prolétarienne* en 1933[1]) sonna le glas de ses espérances politiques ; Alain exprima cela en un raccourci plus vigoureux encore (excessif, mais frappant), dans le compte rendu qu'il donna à *La Table ronde* de l'article de Simone Weil qui avait paru dans le nº 26 de la même revue peu de temps auparavant, « Note sur la suppression générale des partis politiques » : « Quand elle entra dans la politique, dans les partis, justement, dont il s'agit maintenant, j'attendis beaucoup. Beaucoup ? C'est-à-dire la solution, simplement. Je ne vis rien venir ; cela fut pour moi une espèce de miracle. Qu'un esprit de premier ordre, et femme, donnât aussitôt sa démission, cela démentait tout ce que je pouvais prévoir.

« À vrai dire, il restait bien quelque chose, mais sous forme d'actions isolées, d'anecdotes ; cela ne promettait pas moins qu'une Rosa Luxemburg. Il fallait voir ; je vis que *c'était seulement négatif* [c'est nous qui soulignons][2]. »

On sait que Simone Weil demanda un congé en 1934, interrompant sa vie active (à la fois comme professeur de lycée et comme militante syndicale) pour réfléchir, précisément, sur les conditions de l'action. C'était aussi une préparation à cette décision qu'elle avait prise d'expérimenter le travail en

1. Voir OC II, 2, p. 260 *sq.*

2. « Simone Weil », in *La Table ronde*, nº 28, avril 1950. Au paragraphe précédent, Alain fait l'éloge de son ancienne élève : « J'ai très bien connu Simone Weil. Je l'ai jugée supérieure à ceux de sa génération, mais très supérieure. J'ai lu d'elle des commentaires de Spinoza qui dépassaient tout. »

usine, c'est-à-dire de se colleter directement avec le réel.

Citons à ce sujet Alain d'après ce même article de *La Table ronde* : « Elle entrait en usine, afin de savoir ce que c'était que le travail ; elle le sut promptement ; elle eut d'abord pour tâche de coller des étiquettes[1]. Facile en apparence ; après huit jours, c'était la fièvre et la maladie ; voilà ce que j'appelle approcher le réel[2]. »

Le vieux maître ne pouvait que se réjouir de constater que sa doctrine, en matière sociale et politique, avait été si fidèlement mise en pratique. Il prônait, en effet, l'union du travail manuel et du travail intellectuel, non seulement pour relever la condition ouvrière, mais pour permettre à l'intellectuel de penser véritablement.

Nous distinguerons donc dans l'activité de Simone Weil l'activité politique proprement dite (c'est-à-dire son militantisme syndical puis pacifiste), de l'activité manuelle qui correspond à une volonté d'expérimenter le réel en direct. Le réel ? Il faut dire ici le monde. C'est en mettant l'intelligence en contact avec le monde par le moyen du travail que celle-ci rencontre son objet propre. Nous retrouvons là les conclusions des *Réflexions*. Or, précisément, cette vie active chez Simone Weil est aussi une réflexion sur la vie active (dont le plus éclatant exemple réside dans l'*opus magnum* que sont les *Réflexions*). Elle

1. L'information est inexacte, mais peu importe.
2. « Simone Weil », art. cit.

nous a habitués à ce rythme si particulier de sa vie, scandée par des retours – offensifs – au réel le plus immédiat par le biais du travail en usine ou du travail paysan, alternant avec des pauses réflexives qui lui font rechercher les conditions d'un travail non servile.

Les conceptions politiques d'Alain sont entachées de négativisme. L'homme est un moraliste bien plus qu'un politicien ou un politologue. Un moralisme contre les pouvoirs, telle est, grossièrement exposée, sa position qui, d'une certaine manière, prône une sorte d'irresponsabilité politique au nom d'une supériorité morale. La lecture successive des articles de Simone Pétrement et de Raymond Aron, le second semblant répondre au premier, dans le numéro de *La NRF* consacré à Alain (*Hommage à Alain*) en 1952, pose bien le problème : Simone Pétrement, très attachée à la pensée de son maître, et plus fidèle encore à celle-ci que ne le fut Simone Weil, a intitulé son article « Une politique pour tous les temps ». Elle résume la pensée d'Alain sans guère lui opposer de résistance (« Alain seul voit plus profond... »). En revanche, Raymond Aron (« Alain et la politique ») se permet – très courtoisement – de faire lever le doute quant à la valeur universelle, et surtout pragmatique, de la position d'Alain : « Est-il vrai que l'essentiel soit non d'améliorer l'administration, mais de lui interdire d'abuser de ses inévitables privilèges ? Est-il vrai que cette limitation des pouvoirs par la résistance morale soit la tâche unique du citoyen, du radical, du penseur, du pouvoir spirituel (toutes ces notions mystérieusement confondues)[1] ? »

Et, plus loin, nous lisons : « La confusion entre pouvoir temporel et pouvoir spirituel frappe à mort la liberté. L'hostilité entre ces deux pouvoirs, érigée en principe, frappe à mort l'État[2]. »

Cette dernière assertion à caractère gnomique est reprise par Hannah Arendt, qui la resserre encore, dans *Du mensonge à la violence*, lorsqu'elle déclare que l'« homme vertueux » ne se confond nullement avec le « bon citoyen »[3]. Et Aron de conclure son article – si courtois de ton – en demandant que l'on « prenne garde de ne pas critiquer exagérément les pouvoirs limités qui ont besoin de soutien pour durer[4] ».

Ce pessimisme, Alain le tient de son maître Platon. Et Simone Weil, qui a bu aux mêmes sources, aboutit aux mêmes conclusions. À la suite d'Alain, Simone Weil tient la construction d'une cité idéale pour purement symbolique (« L'ordre social, quoique nécessaire, est essentiellement mauvais, quel qu'il soit »). Dans son excellent article « Politique et mystique[5] » sur lequel nous aurons à revenir, Michel

1. *La Nouvelle Revue française, Hommage à Alain*, 1952, pp. 156-157.

2. *Ibid.*, p. 163.

3. *Du mensonge à la violence. Essais de politique contemporaine*, trad. Guy Durand, Calmann-Lévy, coll. « Agora », Presses Pocket, 1989, p. 67.

4. *Art. cit.*, p. 166.

5. CSW VIII, 2, juin 1984, p. 105-109.

Narcy étoffe son propos de citations qui vont toutes dans le même sens.

Une société de l'abîme

Il semblerait même que Simone Weil ait creusé plus avant l'abîme qui sépare l'individu de la collectivité par la connaissance approfondie qu'elle avait de la doctrine marxiste. De celle-ci, elle a retenu essentiellement la notion de mécanisme social[1], lequel, parce qu'il est à la base du fonctionnement de la société, conditionne la vie politique elle-même. Elle lie donc, comme Marx, l'économie au politique, ou plutôt le politique à l'économique.

Hannah Arendt, quant à elle, a analysé minutieusement l'apparition et le développement de ce domaine hybride qu'est le social, domaine ni privé ni public. Et, selon elle, l'économie a pris naissance lorsque les hommes devinrent des êtres sociaux soumis à des normes de comportement. Un économisme global et envahissant se développa aux dépens du politique, l'homme perdant son identité au sein des masses qui constituent la société, et devenant inapte à cette confrontation d'êtres uniques[2] qui,

1. Voir à ce sujet l'analyse de David McLellan dans son ouvrage *Simone Weil, Utopian pessimist*, Londres, MacMillan, 1989, particulièrement le chapitre IV, « Oppression and Liberty ».

2. Hannah Arendt distingue : l'*altérité*, liée au concept de séparabilité des physiciens ; l'*individualité*, commune à tout ce

seule, ouvre le domaine vraiment public. Nous verrons d'ailleurs que si Simone Weil tire le politique vers la sphère de l'économique, elle en viendra, par une sorte de conséquence naturelle (et cela se verra surtout dans *L'Enracinement*), à désirer le rapprochement de l'économique et du domaine privé, ce qu'Hannah Arendt appelle l'*oikeia* (ce qui a trait à la maisonnée). L'étymologie plaide en ce sens et, historiquement, Hannah Arendt l'a brillamment montré : l'économique, dans l'Antiquité, n'a jamais quitté la sphère du privé, c'est-à-dire de la famille.

Consciente de cette omniprésence de l'économique et du poids de son fonctionnement (lequel n'a fait que s'accuser avec l'émergence de l'ère bureaucratique et technocratique), Simone Weil n'aura de cesse de chercher les moyens d'extraire l'individu de ce mécanisme implacable qui entraîne et écrase la race humaine dans le plus parfait mépris des existences de chacun de ces « uniques » dont elle est composée. La conclusion des *Réflexions sur les causes de la liberté et de l'oppression sociale* est un vigoureux plaidoyer en faveur de la résistance des individus face à la collectivité : « Seuls des fanatiques peuvent n'attacher de prix à leur propre existence que pour autant qu'elle sert une cause collective ; réagir contre la subordination de l'individu à la collectivité implique

---

qui vit ; et l'*unicité*, qui distingue un homme d'un autre homme. Pour elle, « la pluralité humaine est la paradoxale pluralité d'êtres uniques » (*Condition de l'homme moderne, op. cit.*, p. 198).

qu'on commence par refuser de subordonner sa propre destinée au cours de l'histoire[1]. »

C'est contre cette primauté – absolue – de l'individu vis-à-vis de la collectivité que s'élève Hannah Arendt. Ce qui ne veut pas dire qu'en dernier ressort son long combat pour la sauvegarde, ou la réinvention, de l'espace public vise à effacer l'unicité de chaque être humain et le poids de sa responsabilité personnelle. Non, certes, il s'agit plutôt d'un problème d'articulation des notions.

Nous aurions chez Simone Weil affaire à un schéma binaire : une masse d'où s'échapperaient les individus ; chez Hannah Arendt, ce schéma serait tertiaire : recherche de l'espace commun permettant aux hommes de vivre ensemble – lequel « vivre ensemble » suppose que chaque individu épaule cette construction éminemment fragile, par définition.

Ce recours au sujet pensant, jugeant et décidant dans son for intérieur, ce recours à la pensée, donc, chez Hannah Arendt, sera abordé en conclusion. Pour le moment, examinons l'argumentation qui étaie son optimisme courageux. Il s'agit d'ailleurs, en l'occurrence, moins d'optimisme que d'une décision de faire face à l'impensable, décision à laquelle l'humanité est acculée. Nous sommes avec elle dans la catégorie de l'urgence et même de la nécessité. Seule l'action (au sens où elle l'entend, c'est-à-dire l'action concertée) peut sauver le monde. Elle adjure chacun de dire *Adsum*, « Je suis présent ».

1. OC II, 2, p. 108-109.

L'argumentation d'Hannah Arendt, nous la trouvons lumineusement exposée dans son traité *Du mensonge à la violence*, paru en 1969[1]. Elle parle d'une tradition occidentale de la conscience qui privilégie le for intérieur et fait remonter ce coup d'État intellectuel à la Grèce – à Platon, plus précisément, à l'attitude de Socrate très exactement : « Pour tous ceux qui ont été élevés dans la tradition occidentale de la conscience – et qui ne l'a pas été ? –, il paraît tout à fait naturel de considérer l'accord avec l'opinion d'autrui comme secondaire par rapport à la décision prise dans la solitude, *in foro conscientiae*, comme si ce que nous pouvions partager avec autrui n'était pas une opinion ou un jugement, mais une prise de conscience commune[2]. »

Elle fait suivre cette déclaration de citations extraites de l'*Apologie de Socrate*, et conclut par cet « axiome » : « Non seulement les suggestions de la conscience sont apolitiques, mais elles revêtent toujours une expression subjective[3]. »

Contre ce poids de la tradition (et quelle tradition !), elle oppose l'obligation morale des citoyens vis-à-vis de la cité. Reprenant une expression de Montesquieu, elle se dit convaincue qu'il existe un « esprit des lois » qui varie d'un pays à un autre et privilégie, par conséquent, la notion de consente-

1. Nous le citons dans l'édition française de 1989, Presses Pocket.

2. *Condition de l'homme moderne, op. cit.*, p. 59-60.

3. *Ibid.*, p. 64.

ment, au sens d'un soutien actif et d'une participation permanente à tous les domaines d'intérêt public[1]. Les lois seules ne peuvent rien. Il faut qu'on y consente.

Une volonté de participer activement à la vie communautaire, d'un côté ; un pessimisme, de l'autre côté, qui suscite des actions à caractère presque continuellement négatif. Ce pessimisme concernant le politique, chez Simone Weil, repose, plus profondément, sur un pessimisme à caractère philosophique, qui oppose d'une manière tranchée le monde d'ici-bas et le monde du Bien pur. Ce pessimisme a sa source dans une vision dualiste, laquelle n'a cessé de s'accuser. Le monde, pour Simone Weil, est nécessité. Le Bien est hors de ce monde. Dieu est absent du monde. Il y a là une possibilité de rapprochement avec les gnostiques que Simone Pétrement a vue, et dont elle a parlé[2].

« *Vita activa* » *et* « *Vita contemplativa* »

L'engagement dans la sphère du politique et l'entrée dans la vie contemplative, par dégagement du politique, Hannah Arendt et Simone Weil sont ici

1. *Ibid.*, p. 86-87.

2. Notes manuscrites inédites. Mais Simone Pétrement ajoute cet important correctif : « En tant que nécessité, précisément, en tant que n'ayant rien à faire avec le Bien, le monde est beau. »

placées, semble-t-il, exactement aux deux pôles, tels qu'Hannah Arendt les oppose sous les appellations respectives de *vita activa* et *vita contemplativa*, dans son grand ouvrage *Condition de l'homme moderne* : « La distinction entre *vita contemplativa* et *vita activa* est [...] la présupposition implicite de tout l'ouvrage », indique Paul Ricœur dans l'introduction qu'il en donna en 1983.

Un extrait d'une des premières pages du traité livre la clé du clivage (car on n'oppose pas deux modes d'être à ce degré de généralité sans pencher soi-même pour l'un des deux), et dévoile en quelque sorte l'origine du grief qu'Hannah Arendt ne cessa de ressentir et d'interroger. Elle constate que « [...] l'énorme supériorité de la contemplation sur toutes les autres activités, y compris l'action, n'est pas d'origine chrétienne. On la trouve dans la philosophie politique de Platon[1]... ».

Pour elle, l'*apoliteia* philosophique marque la fin de l'Antiquité, et elle précise : « Le christianisme [...] conféra une sanction religieuse à l'abaissement de la *vita activa* ravalée à une position secondaire et dérivée ; mais la hiérarchisation elle-même coïncida avec la découverte de la contemplation (*théôria*) en tant que faculté nettement distincte de la pensée et du raisonnement ; cette découverte date de l'école socratique et depuis lors a régné sur les doctrines métaphysiques et politiques tout au long de notre tradition[2]. »

---

1. *Condition de l'homme moderne, op. cit.*, p. 23.
2. *Ibid.*, p. 25.

Hannah Arendt récuse donc cette hiérarchisation et refuse de condamner la grandeur de l'entreprise qui consiste à endurer avec courage et sans illusion notre condition mortelle. Ainsi que le résume Paul Ricœur, « la fonction principale de l'activité politique [...] est d'affronter le défi de la fragilité des affaires humaines[1] ». Il y va de la pertinence même de l'existence pour laquelle les Anciens avaient inventé la cité, *polis*, à la fois concept et réalité. Il y a quelque chose d'admirablement résolu et de presque désespéré dans ce défi de relever l'honneur des humains, ces « êtres mortels qui pensent l'éternité, mais ne jouissent pas de l'immortalité[2] ».

Ce défi n'est pas sans ressembler à celui que lançait Simone Weil – qui n'avait pas alors dépassé vingt-cinq ans ! – dans la conclusion de ses *Réflexions*, et dans l'une des deux épigraphes qu'elle avait choisies pour figurer en tête de son travail, empruntée à Marc Aurèle : « L'être doué de raison peut faire de tout obstacle une matière de son travail, et en tirer parti. »

Hannah Arendt, quant à elle, conclut son traité en citant un mot de Caton : il ne se savait « jamais plus actif que lorsqu'il ne faisait rien, jamais moins seul que lorsqu'il était seul » (elle semble, en ce cas, aller au rebours de ses thèses).

Étonnante similitude de nos deux philosophes

1. Préface, *ibid.*, p. 26-27.

2. Paul Ricœur, « De la philosophie au politique », *Lectures I. Autour du politique*, Seuil, 1991, p. 17.

dans cette façon de revenir à l'individu pensant (dans une sorte de repli de la pensée), au sortir de considérations sociologiques ou sociopolitiques à l'envergure immense.

Mais si Hannah Arendt s'arrête net au seuil de la *vita contemplativa*, toujours seconde dans la hiérarchie des valeurs, bien qu'outil nécessaire pour comprendre la *vita activa*, et réfléchir sur sa condition temporelle, nous le verrons, Simone Weil, quant à elle, effectue une plongée décisive dans cette même *vita contemplativa*... Dans son analyse de la philosophie antique, Hannah Arendt nous pourvoit elle-même de ces mêmes arguments et exemples philosophiques qui ont nourri l'âme et la pensée de Simone Weil : « L'expérience philosophique de l'éternel *arrhtéton* (indicible) selon Platon, *aneu logou* (sans parole) pour Aristote, [...] ne peut se produire qu'en dehors du domaine des affaires humaines, en dehors de la pluralité des hommes[1]... »

Et elle évoque la parabole de la caverne « où le philosophe, s'étant délivré des liens qui l'enchaînaient à ses compagnons, s'éloigne en parfaite "singularité" [...] car nul ne l'escorte, nul ne le suit[2] ».

Simone Weil, l'unique, la solitaire, « toujours courant devant », ainsi que l'a définie son maître Alain, est un des plus purs exemples de cette puissance dévorante de la pensée qui, chez certains êtres prédestinés, habite un corps et l'illumine. Hannah

1. *Condition de l'homme moderne, op. cit.*, p. 29.
2. *Id.*

Arendt a parlé d'une façon saisissante de cette spécificité de ces êtres uniques en évoquant « le *daimôn* de la religion grecque qui accompagne chaque homme tout au long de sa vie, mais se tient toujours derrière lui par-dessus son épaule, visible seulement aux gens que l'homme rencontre[1] ». Tous ceux qui ont croisé la route de Simone Weil ont été frappés de l'éclat, insolite et flagrant, de ce *daimôn* qui l'accompagnait.

Hannah Arendt parle aussi de ces solitaires qui restent en dehors des rapports humains. On ne peut pas ne pas penser au destin de Simone Weil, surtout lorsqu'elle ajoute : « Politiquement, ce sont des figures marginales qui, d'ordinaire, montent sur la scène de l'histoire aux époques de corruption, de désintégration et de banqueroute politique[2]. »

Simone Weil ne fut-elle pas l'une d'elles, figure de témoin, figure de prophète, en ces années de banqueroute où s'écroula un monde que l'on avait pu croire civilisé ? Elle pâtit tant de cette catastrophe qu'elle en mourut.

Nos deux philosophes sont donc installées sur deux positions opposées : primauté du citoyen, c'est-à-dire de l'individu agissant comme citoyen, au sein d'une communauté, pour Hannah Arendt ; et, pour Simone Weil, primauté absolue de l'individu en tant que personne, laquelle possède des droits imprescriptibles (même si Simone Weil fait endosser ces droits à la part impersonnelle de la personne)[3].

---

1. *Ibid.*, p. 202.
2. *Id.*
3. Cf. *La Personne et le Sacré*, EL.

Il reste que l'une et l'autre, en marge de l'action politique, mais sans cesser d'y songer, en la maintenant à l'horizon de leur pensée, ont réfléchi aux conditions de l'action politique et, pour cela, ont jeté sur le papier les préalables philosophiques de ces actions communautaires qui fondent le politique. Cela est très remarquable chez Hannah Arendt qui, penseur politique confirmé, politologue et historienne, se livre à des investigations qui relèvent d'une autre discipline, l'anthropologie philosophique, laquelle semble tourner le dos à la science politique. Il s'agit, en l'occurrence, du traité *Condition de l'homme moderne*. Cela est remarquable aussi chez Simone Weil à qui l'organisation londonienne de la France libre a demandé de réfléchir au futur gouvernement de la France de l'après-guerre. Elle aussi commence par de longs préalables touchant les droits et les devoirs de l'homme.

Cependant, malgré la similitude apparente des deux entreprises, larges et riches méditations, celles-ci diffèrent assez radicalement, en ce sens que Simone Weil remonte beaucoup plus haut qu'Hannah Arendt en amont, si haut même que le politique proprement dit (malgré le programme positif qu'elle préconise dans *L'Enracinement*) en vient à s'effacer au profit de considérations sur la personne et le sacré, sur les « besoins de l'âme », la Sagesse éternelle, l'Amour pur et le Bien surnaturel. Sa sollicitude envers les êtres humains est telle qu'avec un merveilleux esprit de compassion, elle envisage pour l'immense majorité d'entre eux une vie libérée des problèmes, des risques et des éclats qui sont l'apanage de la sphère politique. Elle souhaite pour cette multitude que l'on recrée les conditions d'une vie communautaire aux caractéristiques quasi familiales et douée d'une autonomie de subsistance quasi totale. Depuis longtemps déjà, depuis les *Réflexions*, elle rêve d'unités de travail restreintes où chacun coopérerait avec chacun. Par là, elle se rapprochait de l'idéal des corporations de l'ancien temps : « Les rapports sociaux seraient directement modelés sur l'organisation du travail ; les hommes se grouperaient en petites collectivités travailleuses, où la coopération serait la loi suprême, et où chacun pourrait clairement comprendre et contrôler le rapport des règles auxquelles sa vie serait soumise avec l'intérêt général. Au reste, chaque moment de l'existence apporterait à chacun l'occasion de comprendre et d'éprouver combien tous les hommes sont profondément un, puisqu'ils ont tous à mettre aux prises une même raison avec des obstacles analogues ; et tous les rapports humains, depuis les plus superficiels jusqu'aux plus tendres, auraient quelque chose de cette fraternité virile qui unit les compagnons de travail[1]. »

Avec une telle utopie en tête, on quitte le politique proprement dit, et on redonne la priorité à l'économique dans son sens premier de « maisonnée », et par conséquent au privé. Simone Weil « materne » l'humanité. Elle est profondément femme au travers

1. OC II, 2, p. 91-92.

de cette compassion – don premier de la mère – qui anime et dirige sa pensée.

Deux conceptions de la liberté, deux conceptions de l'action

Cet apolitisme de Simone Weil peut paraître paradoxal quand une part non négligeable de son œuvre ne regroupe pas moins de trois volumes d'écrits historiques et politiques ! Il n'en est pas moins fondamental. Il a pour conséquence d'opposer à nouveau nos deux philosophes dans leur recherche commune de la possibilité de l'exercice de la liberté, la notion de liberté étant entendue chez l'une et l'autre selon deux conceptions différentes : au sens métaphysique chez Simone Weil, au sens politique chez Hannah Arendt.

Dans le « Tableau théorique d'une société libre » des *Réflexions*, que Simone Pétrement qualifie d'« utopie consciente[1] », Simone Weil appelle « liberté » avant tout la possibilité de l'exercice de la pensée dans le travail ; et on est tenté de dire – toujours avec Simone Pétrement – qu'elle confond alors la liberté politique avec la liberté métaphysique. C'est au sein d'une doctrine de travail qu'elle élabore sa théorie, laquelle doctrine privilégie le travail exercé directement sur la nature, c'est-à-dire

1. Voir son compte rendu d'*Oppression et liberté* (consulté sous sa forme manuscrite).

l'homme qui travaille de ses mains, le travailleur manuel. L'idéal auquel elle se réfère à ce moment (en 1934) est celui qu'exprime le Faust de Gœthe, lequel « finit par atteindre, au moment de mourir, le pressentiment du bonheur le plus plein en se représentant une vie qui s'écoulerait librement parmi un peuple libre et qu'occuperait tout entière un labeur physique pénible et dangereux, mais accompli au milieu d'une fraternelle coopération [1] ».

Hannah Arendt entend, elle, le terme de « liberté » dans son acception politique ; mais cette liberté est, selon elle, d'une « infinie improbabilité ». « Sur cette "infinie improbabilité" – comme elle l'a dit dans l'essai *Qu'est-ce que la liberté ?* –, c'est-à-dire sur la capacité d'interrompre la fatalité, repose le parti antitotalitaire qui termine tous ses articles. » Nous citons ici Paul Ricœur [2] qui renvoie d'ailleurs au livre de Barbara Nussbaum, *The Fragility of Goodness*. C'est souligner la composante tragique de la pensée d'Hannah Arendt qui n'est pas sans rappeler celle de notre Antigone et la conviction sise au cœur de sa doctrine, à savoir que le Bien n'existe ici-bas que sous forme infinitésimale.

Cette liberté presque désespérée, telle que l'entend Hannah Arendt, est à rapprocher de celle que prône Jan Patocka, ainsi que Paul Ricœur le souligne dans la préface qu'il écrivit pour les *Essais hérétiques* : pour l'un et l'autre, en effet, « la politique n'a d'autre fin

1. OC II, 2, p. 93.
2. *Lectures I, op. cit.*, p. 19.

que la vie pour la liberté » et « la philosophie est la pensée libre appliquée aux conditions de possibilité de la politique » [1].

Quant à cette liberté, selon Patocka, qui consiste à « s'expliquer avec le péril affronté sans crainte », cette liberté qui est « en son fond le plus propre la liberté des audacieux », elle me semble se situer à égale distance du système de pensée de nos deux philosophes, Hannah Arendt labourant le champ du possible avec une admirable ténacité, tandis que Simone Weil vise le sacrifice par un recours à une action aussi courageuse qu'insolite (nous pensons à son *Projet d'une formation d'infirmières de première ligne*). Patocka mourut en héros. Cette mort héroïque fut refusée à Simone Weil qui, pourtant, l'appela de ses vœux avec la plus grande véhémence.

La parole et l'action

Les deux conceptions de la liberté que nous venons d'évoquer très brièvement, l'écart qui les oppose entraînent un même écart dans les conceptions respectives de nos philosophes touchant l'action : l'activité chez Simone Weil est de l'ordre du corps puisqu'elle recherche, avant toute chose, à renouer le pacte de l'esprit avec le monde. Or, ce pacte ne peut se sceller que dans un esprit uni à un corps par le biais d'un travail mettant aux prises avec

1. *Ibid.*, p. 75.

le réel ; et ce réel, c'est le monde « sans égards » en même temps que « fidèle et pur », dont parle Alain.

Chez Hannah Arendt, l'activité en son plus noble niveau est celle de la parole dans l'arène politique, c'est-à-dire l'action par le combat d'arguments au sein de « parlements », lieu des joutes de paroles. La notion de parlement est emblématique en politique – l'étymologie l'indique assez. En politique, l'agir et la parole sont presque indistincts.

N'oublions pas, à cet égard, les trois niveaux qu'elle distingue, sous la même appellation de *vita activa* : l'agir de l'homme d'État ; le faire de l'artisan et de l'artiste ; le labeur, qui répond aux nécessités du fonctionnement de l'organisme. Ce qui revient à distinguer travail (*labor*), œuvre (*work*) et action... Simone Weil exclut presque totalement l'agir au profit du faire de l'artisan et de l'artiste, tout en privilégiant – pour des raisons que nous connaissons et qui touchent au cœur métaphysique de sa pensée – le labeur de l'ouvrier et du paysan.

Et pourtant ! Hannah Arendt a écrit les plus belles pages qui soient sur la pensée, la plus noble des activités : « Agir et parler sont encore des manifestations extérieures de la vie humaine, laquelle ne connaît qu'une seule activité qui, encore que liée de bien des façons au monde extérieur, ne s'y manifeste pas nécessairement et pour être réelle n'a pas besoin d'être vue, ni entendue, ni utilisée, ni consommée : c'est l'activité de la pensée[1]. »

1. *Condition de l'homme moderne, op. cit.*, p. 107.

Et Simone Weil n'a-t-elle pas essayé de toutes ses forces de combler l'abîme instauré par ce qu'elle appelle la « dégradante division du travail en travail manuel et travail intellectuel » ? C'est la pensée qui fait la dignité du travailleur ; et c'est sa dignité qui, dans une grande mesure, défend sa liberté. Par ailleurs, il est remarquable que, parvenant aux dernières pages de *Condition de l'homme moderne*, Hannah Arendt ait consacré un paragraphe aux hommes de science et à leur capacité à s'organiser pour unir leurs efforts : « Il est certainement assez ironique qu'[ils] [...] soient finalement les seuls qui sachent agir et agir de façon concertée. Leurs premières organisations, qu'ils fondèrent au XVIIe siècle, pour conquérir la nature et dans laquelle ils se donnèrent des règles morales et un code d'honneur, n'ont pas seulement résisté à toutes les vicissitudes de l'époque moderne ; elles forment aujourd'hui dans leur ensemble l'un des groupes énergétiques les plus puissants de l'histoire universelle[1]. »

Elle va d'ailleurs jusqu'à se demander si, en supposant que l'on doive mesurer les diverses activités de *vita activa* « à l'aune de la pure activité, la pensée en tant que telle ne les surpasserait pas toutes[2] ».

Cela va dans le sens, remarquons-le, de son œuvre dernière, interrompue par la mort, *The Life of Mind* ; la troisième partie, seulement esquissée, se serait appelée « Judging ». Or, comme nous le rappe-

1. *Ibid.*, p. 365.
2. *Ibid.*, p. 366.

lait M. Revault d'Allonnes dans sa communication récente faite à la Maison des sciences de l'homme, « le jugement est une faculté politique par excellence ».

Sur un plan tout autre, mais dans la continuité de notre argumentation, on peut considérer que Simone Weil et Hannah Arendt, en se portant comme violemment vers le pôle opposé de leur pensée constante, ont en définitive franchi un seuil décisif. Occupée du terrestre, des enjeux du terrestre qui met aux prises les hommes et les contraint à inventer un espace politique, Hannah Arendt, en s'émerveillant de la puissance de l'entendement humain, en vient à dire que l'homme n'est pas de ce monde : « Philosophiquement, on pourrait dire qu'en se montrant capable d'occuper ce point d'appui cosmique, universel, sans changer de place, l'homme donne la plus claire indication possible de son origine universelle. Il semble que nous n'ayons plus besoin de la théologie pour nous dire que l'homme n'est pas, ne saurait être, de ce monde, même s'il y passe sa vie [1]. »

Par ailleurs, avec son *Projet d'une formation d'infirmières de première ligne* [2], Simone Weil, dans ce

1. *Ibid.*, p. 304. Cf. ses propos au début de l'ouvrage : « [...] aujourd'hui, nous pouvons presque dire que nous avons démontré, voire scientifiquement prouvé que si nous vivons maintenant et devons probablement toujours vivre dans les conditions d'ici-bas, nous ne sommes pas de simples créatures terrestres » (*ibid.*, p. 20).

2. EL, p. 187-195.

sursaut d'action héroïque (qu'elle conçut dès le début des hostilités, en 1940), semble redonner la primauté à l'action sur la pensée. Cependant, cette forme d'action qu'elle préconisa inlassablement, sans succès, et qui avait des apparences d'action politique, était sous-tendue par une mystique, ne trouvait sa justification profonde que dans une interprétation d'ordre mystique. Cela, Michel Narcy l'a parfaitement montré[1]. Cette mission de sacrifice eût été une action éclatante sans paroles : « Notre propagande à nous ne peut être faite de mots ; pour être efficace, il faudrait qu'elle fût constituée par des réalités éclatantes[2]. »

Notons ce mot de « réalités » qui suppose des actions « non agies », en quelque sorte, mais « inspirées », et qui nous fait entrer dans le cœur de la pensée religieuse de Simone Weil.

Enfin, qui pourrait ignorer dans le temps que nous vivons que la politique s'appuie essentiellement sur les médias ? Nos gouvernants, nos députés ne doivent-ils pas avant tout être vus et entendus ? L'apparaître est la clé de leur mission ; et leur mission est une mission de parole. Ces actions éclatantes, selon l'esprit weilien, qui peuvent paraître dérisoires au plan de l'efficacité terrestre, mais qui sont douées d'une grande force symbolique, emprunteraient, elles aussi, leur efficacité à leur puissance « médiatique », mais celles-ci sans argumentation ni doctrine autres que celle de l'offrande en soi.

1. « Politique et mystique », art. cit.
2. EHP, p. 314.

Pensée et praxis

L'acte héroïque de Simone Weil est un geste (une geste !) qui parle, un geste éloquent.

La pensée qui s'exerce dans le jugement, selon Hannah Arendt, est un acte, peut-être le plus décisif.

Alain, évoquant Simone Weil au soir de sa vie, se plut à mettre ce besoin de justice à l'actif de la nature féminine : « Chacun reconnaîtra, dit-il, [...] que l'opinion féminine est un radicalisme dominé de très haut par la justice[1]. »

Cela nous permet de rapprocher nos deux philosophes une dernière fois, mais cette fois, nous ne les opposerons plus : à cette altitude, les oppositions se résorbent. L'une et l'autre sont mues par un souci brûlant de justice qui noie les opinions divergentes et informe les actes et les pensées tout à la fois. La pensée devient héroïque et l'action éloquente ; cela, indissociablement.

1. « Simone Weil », art. cit.

10

L'essence métaphysique du pouvoir

Réflexions sur la *technè politikè* à travers *Venise sauvée*

par Adriano Marchetti

> « La période présente est celle où tout ce qui semble normalement constituer une raison de vivre s'évanouit, où l'on doit, sous peine de sombrer dans le désarroi ou l'inconscience, tout remettre en question [1]. »

L'époque de la technique ou l'époque de l'achèvement et de l'épuisement de la métaphysique comporte aussi, parmi ses signes visibles, la crise de la politique. Il n'est pas nécessaire d'être cynique ou pessimiste, ni sceptique ou réaliste, pour reconnaître que celui qui a le pouvoir, qui l'a conquis et qui l'exerce, n'a qu'une seule chose à craindre : le perdre. S'il est vrai que la politique est le pouvoir, il est aussi vrai que la politique se fait, et n'est pas seulement pensée. Ce sont les puissants qui la font, et non pas les philosophes ou les théoriciens de la politique, et pourtant, le pouvoir est justifié et légitimé par ceux

1. R, p. 9.

qui parlent ou pensent politique, c'est-à-dire par ceux qui la font exister dans leurs discours. La science de la politique, la « politologie », ne fait que faire être en pensée le pouvoir dans son principe, sa volonté d'unité, sa substance, sa forme, ses modes. Étienne de La Boétie fut sans doute le seul à parler du « contr'un », lui qui fut l'« être pur » sans la présence duquel, d'après Simone Weil, Montaigne « serait sans doute demeuré dans la médiocrité[1] ».

En somme, il y a une profonde complicité entre les praticiens et les théoriciens de la politique, et cette complicité s'affine de plus en plus, surtout dans la relation de l'engagement professé et exercé depuis le siècle des Lumières, et même auparavant, depuis la Rome antique[2], entre politique et culture, princes et conseillers du prince : penser le pouvoir est justement ce que le prince demande. Précisément, faire penser que lui, le prince, est le pouvoir, le principe, qu'il l'a été et qu'il le deviendra. Il y a une espèce de concordance entre philosophie et politique, selon

1. E, p. 297.

2. Simone Weil écrit dans un de ses derniers essais, *La Personne et le Sacré* : « Le droit est par nature dépendant de la force [...]. La notion de droit nous vient de Rome, et, comme tout ce qui vient de la Rome antique, qui est la femme pleine des noms du blasphème dont parle l'Apocalypse, elle est païenne et non baptisable [...]. Louer la Rome antique de nous avoir légué la notion de droit est singulièrement scandaleux [...]. Les Grecs n'avaient pas la notion de droit. Ils n'avaient pas de mots pour l'exprimer. Ils se contentaient du nom de la justice [...]. Le droit n'a pas de lien direct avec l'amour », EL, p. 12, 24-26).

la volonté et la nécessité de l'Un, du Principe, du Fondement, c'est-à-dire selon l'essence de la métaphysique. Il s'agit de l'étymologie commune de *prince* et de *principe*, dans ses métamorphoses et ses déclinaisons : force (*kratos*), tyrannie, souveraineté, légitimité, représentation. Et c'est ici que commence la modernité du pouvoir, le début de son plus grand accomplissement, là où le prince-principe est défini, compris, maintenu, produit-reproduit, dans l'unité entre penser et dire et faire, dans sa symbolique représentative de la démocratie.

Voici comment Simone Weil, critiquant violemment les régimes totalitaires, définit la démocratie dans sa *Note sur la suppression générale des partis politiques* : « La démocratie, le pouvoir du plus grand nombre ne sont pas des biens. La Réforme et l'humanisme de la Renaissance, double produit de cette révolte, ont largement contribué à susciter, après trois siècles de maturation, l'esprit de 1789. Il en est résulté, après un certain délai, notre démocratie fondée sur le jeu des partis, dont chacun est une petite Église profane armée de la menace d'excommunication. L'influence des partis a contaminé toute la vie mentale de notre époque[1]. » Le pouvoir n'est plus seulement une « personne », c'est un symbole commun, construction de l'identité, vers l'humanité présente. On a toujours cherché l'essence du pouvoir – la cause, la forme, la fonction, le système – là où il n'existe pas s'il n'est pas « objectivé » : en Dieu, dans l'individu, dans la

1. *Ibid.*, p. 127, 142.

société ; dans l'éthique, dans le droit, dans l'économie, dans la politique, dans la technologie. On ne l'a pas cherché là où il se trouvait, c'est-à-dire dans la métaphysique, dans la conception dominante de la pensée et de la pratique de l'Occident. Nous sommes, selon l'expression de Martin Heidegger, à l'époque de la « fin de la métaphysique », où notre conscience semble s'être accrue au point que le soupçon sur le fondement métaphysique du pouvoir commence à être un soupçon « fondé ». En même temps, les tentatives de dépassement de la métaphysique, comme conception dominante de l'Occident, sous ses formes diverses, se multiplient, se croisent, en isolant, en automatisant l'essence du politique et du pouvoir comme discours, jeu, décision, *technè*, jusqu'à la théorisation de la société s'auto-instituant.

La représentation

C'est l'histoire du pouvoir, de la métaphysique à la dialectique, de la dialectique à la sémiologie, de l'unité du représentant à l'unité du représenté qui se représente dans la représentation : chaîne métonymique, *semiosis* infinie, souveraineté sociale, société des images, absolutisation de la subjectivité moderne dans l'époque techniquement « puissante ». Le caractère symbolique, représentatif, qui est production de volonté et expression d'unité, suppression de l'altérité et réduction au même, passe à travers des conflits, les parties et les partis, les savoirs et les pouvoirs locaux, et les combine à travers les signes. Il renvoie les uns aux autres dans l'échange, dans l'équivalence générale-sociale. L'effet réel est encore le totalitarisme corporatif de la « représentation ». « Les institutions qui déterminent le jeu de la vie publique influencent toujours dans un pays la totalité de la pensée, à cause du prestige du pouvoir[1]. » Comment en sortir ? Ontologie du déclin ? Tentative extrême et volontariste fondée sur rien ? Affirmation de la nécessité de la simulation, dans la reconnaissance de la réification des apparences ? Construction de la « différence » dans la dé-construction de l'identité, renvoyant à l'énigmatique trace de l'Autre ? Reparcourir le chemin de l'oubli de l'Être, laissant la métaphysique à elle-même, avec le détachement extrême, mystique ou esthétique ? Comme on l'a dit, la politique a éclaté, mais c'est précisément cela la dernière forme du pouvoir qu'elle a revêtue. Il y a encore les couples paradigmatiques : les parties et le tout, le vrai et le faux, les bons et les mauvais, mais ils sont justement les doubles de l'unique matrice métaphysique du pouvoir. Le pouvoir existe dans les pouvoirs, dans le pouvoir des parties, dans le réseau des relations à tous les niveaux, où même l'anti-pouvoir est à la fois émergence et résidu, revendication et compensation, contestation et restauration. Le pouvoir reste au centre, un centre vidé et rempli d'irréalité.

L'histoire n'a pas de solution à l'intérieur d'elle-même. « L'histoire humaine, écrit Simone Weil,

1. *Ibid.*, p. 146.

n'est que l'histoire de l'asservissement qui fait des hommes, aussi bien oppresseurs qu'opprimés, le simple jouet des instruments de domination qu'ils ont fabriqués eux-mêmes, et ravale ainsi l'humanité vivante à être la chose de choses inertes[1]. » Il n'y a pas de réduction de l'autre au même, sinon dans la suppression de l'altérité et de la relation dans l'altérité. C'est cela le pouvoir et c'est cela la nation autour de laquelle se développe la méditation weilienne, l'argument de *Venise sauvée*[2], la seule pièce de théâtre de Simone Weil, née sur la toile de fond des horreurs des totalitarismes et de la seconde guerre mondiale.

Le texte théâtral est précédé de l'indication suivante : « Sujet : la conjuration des Espagnols contre Venise en 1618, racontée par l'abbé de Saint-Réal. » Le récit et son analyse s'inspirent du machiavélisme politique de Saint-Réal. Dans un « Nota », Simone Weil en fournit la synthèse : « Le marquis de Bedmar, ambassadeur d'Espagne à Venise, conçut en 1618 un plan pour mettre Venise au pouvoir du roi d'Espagne, qui était alors maître de presque toute l'Italie, par une conjuration. Voulant rester dans l'ombre à cause de sa situation d'ambassadeur, il confia l'exécution du plan à Renaud, seigneur français d'un âge avancé, et à Pierre, pirate provençal, capitaine et marin réputé. Renaud était chargé de la préparation, Pierre des opérations militaires. Une

1. R, p. 61.
2. P, p. 43-134.

grande partie des troupes mercenaires en garnison à Venise et beaucoup d'officiers, la plupart étrangers, au service de Venise, furent gagnés. Le plan était d'agir par surprise en pleine nuit, en occupant simultanément les points importants de la ville, en allumant au même moment beaucoup d'incendies dans tous les quartiers afin de répandre la confusion, et en tuant tout ce qui tenterait de résister. La nuit choisie était celle d'avant la Pentecôte. Jaffier fit échouer la conjuration, dont il était un des chefs, en la révélant au Conseil des Dix, par pitié pour la ville. Des historiens, surtout espagnols, ont nié l'authenticité de cette conjuration, mais avec des arguments très faibles. Il est sûr, en tout cas, que le Conseil des Dix fit exécuter plusieurs centaines d'hommes et que Bedmar dut quitter Venise[1]. »

La chronique de Saint-Réal, qui se base le plus souvent sur la version des faits donnée quarante ans à peine après les événements par Battista Nani dans son *Historia della Repubblica Veneta*, est en réalité, aujourd'hui encore, controversée. Néanmoins, Simone Weil y puise le thème, essentiel et classique, de *Venise sauvée* : une ville, symbole de beauté et de perfection, est sur le point de tomber dans l'état violent de l'empire de la force, dans le rêve monstrueux du pouvoir ; un homme innocent la voit d'en haut, dans la nuit qui précède l'entreprise, et ne peut pas ne pas la sauver, ignorant le malheur qui l'attend. Seule l'attention pure peut la sortir de ce rêve et le prix de ce

1. *Ibid.*, p. 53.

moment d'attention sera un abîme de l'âme, la solitude et l'abandon total, le mépris de soi, la résignation à la malédiction. La ville est sauve. Jaffier, sans le savoir, a pris sur lui tout le poids du malheur.

Le récit historique de Saint-Réal, publié en 1674, a inspiré différents drames et œuvres sur le même sujet : Thomas Otway composa *Venice preserved or a Plot Discovered* qui, représenté à Londres en 1682, connut un tel succès qu'il obtint le rare privilège d'être adapté en français par Lafosse. Par la suite, Laplace traduira la tragédie de Otway dans son *Théâtre anglais*, en en réalisant parallèlement une adaptation en vers qui, traduite à son tour en anglais, finira vers 1770 par supplanter le texte d'Otway dans les théâtres londoniens. On se souviendra de deux reprises ultérieures en France : celle de Lugné-Poe en 1895 et celle de Morvan Lebesque en 1955.

Outre Lafosse et Laplace, d'autres furent attirés par *Venice preserved*, comme Goethe, Byron, Grillparzer, Hofmannsthal, Bontempelli. Simone Weil connaissait le texte dans l'édition Houard et en a probablement repris le titre pour sa tragédie ; il n'est pas sûr toutefois qu'elle ait eu accès au texte de Saint-Réal à travers Otway. Elle semble plutôt être la seule des dramaturges et des traducteurs à être remontée directement à la source pour la matière de son projet.

La première édition française de cette tragédie, la seule pièce de théâtre composée par Simone Weil, a été publiée sous forme posthume en 1955 dans la collection « Espoir » de Gallimard dirigée par Albert Camus. Quelques mois avant de mourir, celui-ci en avait envisagé la représentation. On lit dans la « Note de l'éditeur » : « En 1940, Simone Weil commença d'écrire une tragédie, *Venise sauvée*, d'après le récit de Saint-Réal, *Conjuration des Espagnols contre la République de Venise*. Ce projet lui tenait à cœur ; ses confidences et les nombreuses ébauches qu'elle a laissées en témoignent. On a pu réunir, par exemple, une cinquantaine de versions du grand monologue de Jaffier. Pour éclairer ses intentions et compléter, dans la mesure du possible, le texte de cette tragédie restée inachevée, nous publions en préface les notes éparses dans les *Cahiers* de Simone Weil et qui se rapportent à *Venise sauvée*. C'est du reste à sa demande que ces notes furent réunies et lui furent envoyées à Londres, en même temps qu'une copie du texte de la tragédie. Son intention était alors de l'achever ; la mort seule l'en empêcha [1]. »

Simone Weil considérait la tragédie antique, qu'elle fréquentait et traduisait avec amour, comme la forme la plus parfaite et la plus capable de refléter comme un prisme, d'accueillir, de conserver et de transmettre l'équivalent de sa pensée morale, politique, sociale, religieuse, esthétique, tendue vers ce point imperceptible qui se trouve dans chaque créature humaine et qui habite le lieu des choses impersonnelles et anonymes : le sacré. « Ce qui est sacré, bien loin que ce soit la personne, c'est ce qui, dans un être humain, est impersonnel [...]. Ce qui est sacré dans la science, c'est la vérité. Ce qui est

1. *Ibid.*, p. 7.

sacré dans l'art, c'est la beauté. La vérité et la beauté sont impersonnelles[1]. » Elle écrit dans une des dernières lettres londoniennes adressée à sa mère : « Darling M., tu crois que j'ai quelque chose à donner. C'est mal formulé. Mais j'ai moi aussi une espèce de certitude intérieure croissante qu'il se trouve en moi un dépôt d'or pur qui est à transmettre. Seulement l'expérience et l'observation de mes contemporains me persuadent de plus en plus qu'il n'y a personne pour le recevoir[2]. »

Résurrection du théâtre

Plusieurs de ses contemporains, qui furent peut-être davantage interpellés et secoués par la réalité tragique de la guerre qu'attirés par une mode ou un goût du moment, avaient privilégié, comme la forme d'expression la plus authentique et la plus totale, le théâtre et, en un certain sens, l'« actualisation » du théâtre grec. Mais dans l'intention de Simone Weil, il y avait vraiment une résurrection du théâtre grec, et non la modernisation d'une idée « éternelle » ni une adaptation du théâtre antique à la psychologie collective moderne. Le caractère inachevé de son œuvre ne dissimule pas cette intention. Les notes qui la concernent, disséminées dans les *Cahiers*, éclairent, fût-ce indirectement, une idée du théâtre qui rende sensible « la troisième dimension » de l'ordre du destin humain. Il y avait la nécessité inéluctable

---

1. *La Personne et le Sacré*, EL, p. 16-17.
2. *Ibid.*, p. 250.

de « reprendre, pour la première fois depuis la Grèce, la tradition de la tragédie dont le héros est parfait[1] ».

Venise sauvée apparaît comme une vaste fresque. L'édition de l'œuvre présente trois typologies de textes : un recueil de notes extraites des *Cahiers*, qui ont un rapport direct avec le travail en cours mais laissé en suspens ; les scènes et les dialogues entièrement rédigés, mais que Simone Weil prévoyait encore de modifier et de réorganiser (on ne dispose pas encore de l'édition critique qui rende compte des diverses versions et variantes existantes) ; enfin, de nombreuses et considérables indications de mise en scène relatives aux séquences non rédigées, incorporées au fur et à mesure à l'œuvre et qui permettent de définir l'action.

Contrairement à ce qu'on attendrait d'une œuvre « inachevée », le troisième et dernier acte semble, sinon définitif, du moins le plus complet ; il manque au contraire diverses scènes du second acte, et le premier n'est guère plus qu'une simple esquisse, même si ses lignes sont précisément définies. Malgré l'impression du lecteur de se trouver face à un *work in progress*, la structure de la tragédie est tracée d'une main sûre et rendue lisible dans ses modes et dans ses rythmes : tous les éléments essentiels sont présents, le thème central et les noyaux principaux sont déjà dépeints ; seules quelques parties sont préfigurées comme en guise d'esquisse. Son inspiration brille, intacte et ferme.

1. P, p. 52.

Le premier acte suit très rapidement la trame de l'épisode et le seul rythme, celui de l'« élan de la conjuration », évoque l'élan qui en accompagne les préparatifs. L'entreprise doit apparaître sous l'aspect le plus grandiose, le plus noble et le plus séduisant. Une poignée d'aventuriers en exil, déracinés, dégoûtés d'une « existence monotone » et vite conquis par les perspectives de gloire et de fortune.

Au cours du second acte, plus développé que le premier, s'affirment les raisons de l'action. Un renversement de situation se produit, au cours duquel Pierre, désigné pour conduire l'entreprise des conjurés, est envoyé en mission par le Conseil des Dix et doit être remplacé au dernier moment par Jaffier, son ami le plus intime. Renaud, un gentilhomme exilé de France, impressionnant par sa vigueur intellectuelle, incarne la nature humaine et le rêve de la force ; il est le théoricien de l'action et donne un véritable « cours de haute politique » qui doit persuader les hommes de la nécessité de raser et de détruire la ville. Une brève apparition de la fille du secrétaire du Conseil des Dix, Violette, radieuse et pure, « bonheur précaire, fragile, un bonheur de hasard. Fleurs de pommier[1] », symbolise Venise. Deux rythmes, comme une pulsation, scandent le temps : l'assaut furieux de la conjuration et l'immobilité ambiguë et hésitante de Jaffier.

Le troisième acte débute sur le ton de la pitié et de la passion. La césure qui se situe à la fin du second acte marque l'interruption antirythmique du

1. *Ibid.*, p. 48.

temps, qui emporte tout dans l'immobilité. Le rêve écroulé, « l'acte tombe dans le monde ». Il est surnaturel d'arrêter le temps. C'est là que l'éternité entre dans le temps. Croire à la réalité du monde extérieur et l'aimer n'est qu'une seule et même chose. Le réel se montre pour ce qu'il est. Violette salue d'un chant le jour qui naît.

Venise sauvée est une tentative théâtrale de grande importance pour sa cohésion dramatique d'œuvre essentiellement tragique et de parfaite organisation théorique ; le héros est crédible parce que son drame est incarné en lui, les forces contraires sont également légitimes et ont le même poids, le sentiment du caractère inéluctable de la « nécessité » est la toile de fond permanente de l'action. L'action est de la « nécessité », non des héros. C'est seulement pour la subjectivité qu'elle apparaît comme immobilité ; en réalité, elle « agit » dans un ordre où les hommes ne sont pas acteurs mais subissent l'action. La modernité, pensant l'action en fonction des « protagonistes », présuppose l'abolition de la nécessité. Là où l'action avance au premier plan, le destin disparaît. D'une part, il paraît difficile sinon impossible de faire correspondre *Venise sauvée* au modèle grec, non seulement pour des raisons de dispositif théâtral, mais surtout parce que la *moira* est constitutive de la tragédie grecque : l'action se révèle seulement face au destin lui-même. D'autre part, la tragédie de Simone Weil n'est pas non plus moderne dans la mesure où l'action, comme valeur subjective, ne l'emporte pas sur le destin ; il n'y a pas non plus l'existentialisme du « choix », mais plutôt l'attention obéissante. La conciliation recherchée du destin et de l'action se donne dans la contemplation, dans l'« action non agissante ». Le signe de cette énigme est la beauté qui possède en elle la présence surnaturelle de la conciliation « pythagoricienne » impossible à nos yeux.

Le déchirement

Peu de temps avant de mourir, Simone Weil écrivait à Maurice Schumann : « J'éprouve un déchirement qui s'aggrave sans cesse, à la fois dans l'intelligence et au centre du cœur, par l'incapacité où je suis de penser ensemble dans la vérité le malheur des hommes, la perfection de Dieu et le lien entre les deux. J'ai la certitude intérieure que cette vérité, si elle m'est jamais accordée, me le sera seulement au moment où je serai moi-même physiquement dans le malheur, et dans une des formes extrêmes du malheur présent[1]. »

Sans feindre l'innocence devant le texte de *Venise sauvée*, essayons de le considérer dans la seule perspective de la poésie. L'achèvement et l'inachèvement à la fois de la tragédie se trouvent, entre autres, dans un rapport emblématique avec l'impossibilité d'accomplir ce que Simone Weil considérait, peu de temps avant de mourir, son devoir absolu : la création d'un corps d'infirmières de première ligne pour

1. EL, p. 213.

assister les agonisants, prêtes non seulement à risquer leur vie mais à mourir[1]. Chaque mouvement de l'œuvre-vie participe à une entreprise qui nous échappe mais qui nous habite, fût-ce par de brefs éclairs, presque avec familiarité.

Les commentaires d'une œuvre théâtrale, d'une œuvre poétique, peuvent être profonds, singuliers, vraisemblables, mais ne peuvent éviter de réduire à une signification et à un projet un événement qui n'a d'autre raison que celle d'être : il donne à penser, il ne démontre pas, il est. Toutefois, même en termes de réalisation théâtrale, et non seulement dans ces termes, l'œuvre nous met en présence de quelque chose qui se révèle sur le mode de la soustraction.

La lecture est difficile et obligatoire dans le cas de la poésie, parce que la question est une question de vérité. Qui ose parler de vérité comme dans une science ? La rhétorique qui afficherait une pareille prétention serait présomptueuse. On peut en parler de façon impersonnelle jusqu'à la réduire à un dogme. Mais quand on parle de vérité en poésie, ce mot devient synonyme de pureté chez Simone Weil. Il y a un lien entre poésie et vérité, si vérité est comprise comme pureté, comme source résurgente. La pureté est la condition qui nous fait sortir de nous-mêmes et pénétrer dans la sphère de l'intellect, dans l'expérience du langage.

Le concept même de vérité est lieu paradoxal et inexprimable. C'est l'illusion de la rhétorique classique et, dans une certaine « optique renversée », celle

1. *Ibid.*, p. 187-195.

aussi des avant-gardes[1] qui attribuent à la poésie la tâche de s'avancer au-delà des paroles, dans la tentative de réaliser cette totalité inaccessible et virtuelle qu'est le langage lui-même, quand on le fait coïncider avec l'être. Simone Weil semble déplacer la question sur un autre plan quand elle écrit : « Toutes les fois aussi qu'un fragment de vérité inexprimable passe dans des mots qui, sans pouvoir contenir la vérité qui les a inspirés, ont avec elle une correspondance si parfaite par leur arrangement qu'ils fournissent un support à tout esprit désireux de la retrouver, toutes les fois qu'il en est ainsi, un éclat de beauté est répandu sur les mots[2]. »

Il y a une essence non artistique de l'art : la poésie qui montre le monde, la réalité réelle, dit Simone Weil. À ses yeux, l'art contemporain ne montre pas le monde parce qu'il tend à se montrer lui-même.

Quelque chose s'est produit dans l'histoire de l'Occident : la conscience d'une rupture, d'une perte irrémédiable. Le moderne s'autofonde, avec la négation ou la substitution implicite d'une contradiction, dans une version intégrée ou catastrophique. Simone Weil est le penseur conscient de la non-autolégitimation du moderne, de la séparation fatale entre philosophie et poésie. Et pour comprendre jusqu'au bout cette séparation, il faut pouvoir penser le mystère de leur coappartenance originelle, l'unité précédant leur

1. Cf. Jean Paulhan, *Les Fleurs de Tarbes ou la terreur dans les lettres* (1941), chap. III, Gallimard, 1973, p. 99-102.
2. EL, p. 37.

distinction, qu'évoque la tragédie grecque. Voici comment se termine sa méditation : « D'autre part, le problème de valeur posé autour de cette notion de lecture a rapport au vrai et au beau comme au bien, sans qu'il soit possible de les séparer. Par là peut-être leur parenté, qui est un mystère, serait un peu éclairée. Nous ne savons pas les penser ensemble, et ils ne peuvent pas être pensés séparément[1]. »

Le savoir tragique

Dès l'Antiquité, il existe un lien inextricable entre philosophie et poésie ; déjà Platon, en fixant la figure de « Socrate musicien », a évoqué l'origine commune de *mythos* et *logos*. Ce lien a été négligé par la culture du XXe siècle, autant par la tendance idéaliste, dans sa prétention à fournir une définition conceptuelle de l'art, que par la culture des avant-gardes, qui a nié l'existence d'un quelconque rapport entre poésie et philosophie[2]. Le poétique n'est pas noétique.

---

1. « Morale et littérature », *Cahiers du Sud*, janvier 1944, CSW X, n° 4, décembre 1987, p. 351.

2. Selon le récit de Diogène Laërce, les pythagoriciens avaient tenu le philosophe-poète Empédocle responsable de la divulgation des secrets de leur secte moyennant des formes poétiques empruntées à Homère (cf. Diogène Laërce, *Vies, doctrines et sentences des philosophes illustres*, trad. franç. R. Genaille, Garnier-Flammarion, 1965, t. II, p. 144-145). Mais, dans sa biographie de Platon, au dire d'Alkimos : « Platon a beaucoup utilisé les ouvrages du poète comique Épicharme », et il donne cette citation du même poète : « Quelqu'un prendra mes vers,

On soutient, d'autre part, que le vrai savoir est la philosophie, le savoir de la mort, le savoir tragique pour lequel, selon l'expression de Simone Weil interprétant le *Phédon* (66a-68b), « la vérité est du côté de la mort[1] ». Une relation non dialectique, mais dialogique, est possible, à une condition : il est nécessaire de resémantiser ce que la tradition occidentale appelle poésie et philosophie, c'est-à-dire resignifier l'acte de poétiser et l'acte de penser. Le philosophe n'est pas un spécialiste de la philosophie, mais plutôt le gardien de la pensée ; le poète n'est pas producteur de formes, mais auditeur du dire, traducteur en paroles humaines de ce que le dire lui envoie silencieusement. Leur relation réciproque présuppose une révolution de la pensée, dans la mesure où elle met en discussion la pensée en tant que telle. Et elle met aussi en discussion la poésie, laquelle ne donne pas impunément à penser à la pensée elle-même. La pensée, pourrait-on dire, sous-

---

leur ôtera leur rythme, leur donnera un vêtement de pourpre, et les enjolivera, et devenu irrésistibles, ils convaincront les plus rebelles » (*Ibid.*, t. I, p. 166-168). Ce nœud inextricable dure jusqu'à la fin du XVIIIe siècle, lorsque le terme « littérature » a pris sa signification moderne. « Un sage était autrefois un philosophe, un poète, un musicien. Ces talents ont dégénéré en se séparant ; la sphère de la philosophie s'est resserrée ; les idées ont manqué à la poésie ; la force et l'énergie aux chants ; et la sagesse privée de ses organes ne s'est plus fait entendre aux peuples avec le même charme » (Diderot, *Entretiens sur le fils naturel*, *Œuvres complètes*, t. III, Club français du livre, 1970, p. 198).

1. PG, p. 21.

trait à la dimension esthétique la poésie, qui cesse d'être un genre littéraire. Et la poésie, s'étant faite pensée chantée, préserve la pensée des tentations du dogmatisme logique. La compréhension dans leur différence et, en même temps, la coappartenance entre pensée et poésie est une des intonations dans laquelle, me semble-t-il, on peut lire l'œuvre entière de Simone Weil. Il faut porter au langage, faire résonner dans les paroles la voie aphone de l'Être, avec la conscience tragique de la scission et la nécessité du rapport. C'est son œuvre elle-même qui met en question les limites distinctes et consolidées, dans leur séparation, de la « philosophie » et de la « poésie ». L'« action non agissante » – ce qui fait contrepoids à la volonté de puissance de la *technè politikè* – est, peut-être, l'acte de la parole poétique dans sa double fonction d'être à l'écoute en obéissant et de conserver. Ce pourrait être une des significations de la note schématique suivante : « L'action non agissante, c'est l'obéissance. Action non agissante ; conservation[1]. » La tragédie évoque une expérience de vérité, d'une vérité qui n'est pas comprise par le principe de contradiction. Le génie poétique ne justifie pas le mystère, il l'exhibe ; il présuppose que tout est rien, mais cette vision du vide est tout sauf un regard nihiliste ; c'est le lieu où la vérité montre son retrait, ne se rend pas disponible à l'appropriation et donc à la représentation.

Jaffier est destinataire de l'appel, ce n'est pas que

1. C II, p. 60.

l'appel se rende à lui disponible. C'est à lui qu'il se livre pour qu'il le reconnaisse comme tel et ne l'identifie pas avec son propre parler. Correspondre à l'appel implique l'écoute et l'obéissance de ce qui se fait entendre à partir de soi. Dans cette attention, il y a une passivité de l'écoute : on écoute ce qui nous permet d'écouter et non le produit de notre écoute. Et il y a aussi une activité ou, mieux, une volonté de s'accorder et un renoncement à exercer tout le pouvoir à notre disposition : laisser se former un espace, un vide, où le réel se rende audible. « Amour de la vérité est une expression impropre. La vérité n'est pas un objet d'amour. Elle n'est pas un objet. Ce qu'on aime, c'est quelque chose qui existe, que l'on pense, et qui par là peut être occasion de vérité ou d'erreur. Une vérité est toujours la vérité de quelque chose. La vérité est l'éclat de la réalité. L'objet de l'amour n'est pas la vérité mais la réalité[1]. »

En poésie, seul le lieu qui s'abandonne est habité, seule l'œuvre dont on se détache se crée, le temps s'obtient seulement à travers le non-temps. Mais tout ce qui s'obtient à travers le détachement et le renoncement s'obtient pour les autres. Jaffier témoigne de la privation du fondement. Alors qu'il est réduit à une folie ambulatoire et, en même temps, à un immobilisme réflexif, arythmique, l'expérience de la temporalité se consume en lui, sombrant dans le vertige du non-temps : la pure temporalité qui ne peut se remplir de rien (de rien d'étant). Si, pour

1. E, p. 319.

Heidegger, la mort est un « écrin » qui dissimule le trésor de l'être, le héros pur de *Venise sauvée*, Jaffier, n'a pas le droit de le savoir. On n'est donc pas sur le terrain « fécond » de la connaissance métaphysique, ni sur l'horizon confortant de l'utopie ; au contraire, comme son *Prométhée*, Jaffier est « chair livrée au malheur[1] ». « Il y a alliance naturelle entre la vérité et le malheur, parce que l'une et l'autre sont des suppliants muets, éternellement condamnés à demeurer sans voix devant nous[2]. » Pur malheur muet, parce que, dans le malheur muet, le silence de la parole rend la parole elle-même plus proche de son origine et de sa destination, c'est-à-dire de son dire.

La beauté et le malheur

Quel rapport existe-t-il entre beauté et malheur ? C'est peut-être cette question, à laquelle on pourrait répondre dans un sens moral, qui rythme l'œuvre. Mais ceux qui sont classiques, condensateurs de temps, comme disait Cocteau, ne sont pas moraux, mais ontologiques. Pour eux, le mal est impossible à supprimer ; ce n'est pas une catégorie morale. C'est de cette impossibilité de le supprimer que l'on a conscience. L'appel de Simone Weil s'adresse à la conscience *dans* le malheur et non pas *du* malheur.

1. P, p. 24.
2. EL, p. 32.

La pureté que Simone Weil exige inconditionnelle dans la poésie est cet amour, l'amour de celui qui pense que même l'art n'apporte pas le salut.

C'est une lutte, la lutte contre l'insaisissable contradiction qui échappe à notre raison, une lutte qui ne se conclut qu'avec la fin de la vie. La lutte est éternelle parce qu'elle est en acte. Acte peut vouloir dire action éthico-morale, mais peut vouloir dire « à l'œuvre », non pas au sens autobiographique (fût-il transcendantal), mais au sens d'une situation où au manque du sujet correspond l'impersonnelle permanence de l'œuvre dans le non-dit. L'acte est la langue elle-même dans son dire : conjonction irréductible entre *askesis*, *exthasis* et vérité. Là où *askesis* ne doit pas être comprise vers le sublime (dirait un rhétoricien), ni vers la grâce (dirait un théologien), et non plus vers la représentation de son absence, mais comme un exercice d'attention et d'attente à vide. Pour Simone Weil, « l'art est attente[1] ». On ne se contente à l'intérieur du rêve romantique ou de la dialectique ombre/lumière, ni de l'idéalisme ou de la terreur des avant-gardes, ni d'une revendication d'autonomie de la poésie, ni d'une hétéronymie littéraire.

La relation entre beauté et nécessité, entre art et réalité, est dans le contexte ontologique. Et ce qui est contesté, c'est peut-être la modernité elle-même du siècle dans lequel prédominent la perte du contact avec la réalité, la tendance d'une culture phi-

1. CS, p. 91.

losophique et littéraire essentiellement psychologique et humaniste, l'indifférence à l'altérité, à la relation à l'Autre impossible à connaître, dans l'absence de ce qui, de façon platonicienne, s'appelle *metaxy* : infinie distance du Bien, loin du monde de la nécessité, présence absente, comme grâce à attendre à travers la mort du sujet et de l'identité avec soi, comme possession et pouvoir. C'est la défaite de l'ordre « humaniste », de l'histoire, de la *technè politikè* : la politique est pensée comme le pouvoir qui s'autodissout parce qu'en définitive, « la course au pouvoir asservit tout le monde, les puissants comme les faibles [1] ». La poésie n'apporte pas le salut, avons-nous dit, pour Simone Weil : « Le salut est de consentir à mourir [2]. » Toutefois, il y a une donation à laquelle nous sommes arrachés par la mort, mais que la mort ne peut nous enlever, c'est l'amour de ce qui est « destiné à disparaître », sachant qu'il est « destiné à disparaître ».

Celui qui voudrait réellement apercevoir dans *Venise sauvée* une tentative de résurrection ne peut le faire en le lisant comme la tentative de modernisation d'une idée éternelle, ni selon l'intonation d'une adaptation du théâtre antique à la psychologie collective moderne et, en tout cas, il ne peut le faire en négligeant l'avertissement, presque une prémonition de Simone Weil, qui écrivait en 1941 : « Si les souffrances actuelles amènent jamais un redressement, il

1. R, p. 59.
2. CS, p. 169.

ne s'accomplira pas par l'effet des slogans, mais dans le silence et la solitude morale, à travers les peines, les misères, les terreurs, dans le plus intime de chaque esprit[1]. » Seules une passion du sacrifice, une folie d'amour pourraient suspendre le rêve du pouvoir et la force d'irréalité qui le constitue. Au *poiein*, selon le sens originel de « porter à la lumière », il revient de nous porter à la présence de ce qui est. L'ontothéologie dominante de la pensée occidentale, avec tous ses dogmes et ses idoles, avec toute sa volonté de puissance, résiste et refuse de méditer son propre accomplissement. Elle ne veut pas croire à ce qui fait signe, au moment de sa puissance maximale, de son épuisement. Ou bien elle le conçoit comme destin immédiat, produit par des forces étrangères, ou bien elle le considère avec un violent ressentiment à l'égard de ses présumés responsables, au lieu de vouloir le renoncement à soi-même. Et pourtant, à l'époque où « en tout domaine nous semblons avoir perdu les notions essentielles de l'intelligence, les notions de limite, de mesure, de degré, de proportion, de liaison nécessaire, de connexions entre moyens et résultats[2] », la seule obéissance qui s'impose est d'écouter (*obaudire*) la silencieuse mesure du « tragique ». Cela est-il impossible pour la métaphysique occidentale ? De cet impossible pourrait peut-être dériver son seul avenir. Simone Weil,

---

1. « Lettres aux *Cahiers du Sud* sur les responsabilités de la littérature », *Cahiers du Sud*, n° 310, 1951, p. 430.
2. *Ne recommençons pas la guerre de Troie*, OC II, 3, p. 52.

remontant au poème homérique de l'*Iliade*, avait prévu que les peuples d'Europe « retrouveront peut-être le génie épique quand ils sauront ne rien croire à l'abri du sort, ne jamais admirer la force, ne pas haïr les ennemis et ne pas mépriser les malheureux ». Et elle ajoutait : « Il est douteux que se soit pour bientôt[1]. » On ne peut pas dire qu'au cours des années qui suivirent, nous ayons appris sa leçon implicite.

---

1. *L'*Iliade *ou le poème de la force, ibid.*, p. 253.

11

De Platon à la IVe République

Philosophie et politique dans les derniers écrits de Simone Weil

par David McLellan

Le passage du platonisme chrétien à l'engagement politique dans les derniers écrits de Simone Weil, mystique religieuse et philosophe, est extrêmement difficile à caractériser. Alors que ses premières attitudes politiques étaient indiscutablement anarcho-syndicalistes, certains prétendent avoir trouvé une ressemblance entre l'approche ultérieure de Weil, particulièrement dans ses *Écrits de Londres,* et la mixture contemporaine de catholicisme traditionnel et de conservatisme autoritaire qu'on peut trouver dans le régime de Vichy[1]. Qu'il y ait effectivement une connexion étroite entre religion et politique dans la pensée de Simone Weil est indiscutable. La plupart de ceux qui développent des tendances mystiques rejettent le monde séculier : Simone Weil n'a cessé de s'en tenir fermement, dans une tension parfois désespérée, à la fois à ses croyances mystiques et à

1. Cf. Philippe Dujardin, *Simone Weil, idéologie et politique,* Grenoble, Maspero, 1975, ch. 7.

ses engagements politiques. Elle a été décrite à juste titre comme « un exemple, unique dans ce siècle, de spéculation mystique chrétienne et platonicienne[1] ». Le platonisme chrétien de Weil est une condition nécessaire – en fait presque suffisante – de l'émergence d'une grande partie de sa pensée politique tardive, tout entière subordonnée à sa conception de Dieu. Bien que Simone Weil soit un penseur extrêmement personnel, il ne serait pas faux de caractériser sa pensée politique tardive comme conservatrice. Sans aucun doute, elle s'opposait implacablement aux idées de changement et de progrès si fermement enracinées dans la conception du monde de la démocratie bourgeoise et de son rejeton, le marxisme classique. Cette opposition avait sa source dans la croyance platonicienne en l'existence de valeurs absolues et éternelles opposées à, ou au moins complètement séparées des voies du monde. Tout au long de l'histoire, le platonisme a présenté deux faces : l'une, radicale, en appelle aux valeurs absolues et éternelles contre celles du statu quo, et l'autre, conservatrice, en ce que le but ultime du platonisme est une société statique gouvernée par une élite de sages et d'hommes de bien. La proposition du gouvernement des philosophes dans la *République* de Platon montre bien ces deux facettes, et les idées de Simone Weil sont une tentative d'adaptation des principes de la *République* à la France du XXe siècle.

1. Miklos Vetö, *La Métaphysique religieuse de Simone Weil*, *op. cit.*, p. 148.

Comme on l'a déjà dit, certains commentateurs ont vu cette tentative comme largement modelée sur le régime de Vichy et même comme frisant le fascisme. Laissant de côté la question de savoir à quel point Vichy était réellement fasciste[1], Simone Weil a dit clairement que, bien qu'elle ne rejetât pas certains des slogans de Vichy, elle souhaitait, à la différence de Vichy, en faire des réalités. Et c'est plutôt grâce au potentiel d'inspiration de la France libre de Londres qu'elle en anticipait la réalisation[2]. Elle n'avait pas non plus grand-chose de commun avec ceux qui souhaitaient restaurer la vie idyllique du Moyen Âge telle qu'ils se l'imaginaient, ni avec les vues traditionnelles de la droite française sur l'histoire. Si elle retournait quelque part en arrière, c'était aux Grecs. Elle ne partageait pas le culte de Barrès pour la terre et les morts, et ses conceptions sur la hiérarchie et l'ordre étaient très éloignées de celles de Maurras et de l'Action française. Il est vrai que Simone Weil partageait avec cette sorte d'auteurs leur antilibéralisme et leur préférence pour une révolution spirituelle plutôt qu'économique[3]. Mais l'antilibéralisme était commun à la plupart des groupes de la Résistance, et la révolution spirituelle du fascisme français était fondée sur un concept de virilité

1. Pour un point de vue plutôt critique, voir Pierre Milza, *Les Fascismes français*, Flammarion, 1987, ch. 4.

2. Cf. J. King. « Simone Weil and the Identity of France », *Journal of European Studies*, vol. 6, 1976, p. 129 *sq*.

3. Cf. R. Sovey, *Fascism in France. The Case of Maurice Barrès*, Berkeley, 1972, p. 238 *sq*.

militaire, anathème pour Simone Weil, dont les racines étaient, non dans la terre et les morts, mais dans le surnaturel. Elle soulignait soigneusement que « l'amour du passé n'a rien à voir avec une orientation politique réactionnaire [1] ». Au contraire, tout le projet de Simone Weil était de retrouver dans le passé les armes spirituelles qui formeraient un solide barrage à toute réapparition du totalitarisme dans l'avenir.

L'opposition au totalitarisme et l'âpreté de son propre individualisme étaient caractéristiques de toute sa pensée. D'ailleurs, ses premiers écrits étaient non conservateurs de façon frappante : ce fut sa conversion à sa forme particulière de christianisme catholique (à quoi il faut joindre, bien sûr, son expérience de la politique française des années trente qui la conduisit à réviser l'anarcho-syndicalisme de sa jeunesse).

Née en 1909 dans une famille juive de la classe moyenne, elle fut une brillante étudiante en philosophie dans le Paris des années vingt. Jean-Paul Sartre, Simone de Beauvoir, Claude Lévi-Strauss étaient ses contemporains et ses égaux. Elle fut pendant plusieurs années professeur de philosophie dans divers lycées français. C'était l'époque de la Grande Dépression, et son engagement passionné pour les idéaux de justice sociale l'amena à militer activement dans le mouvement syndical. Estimant que la gauche politique ne vivait pas à la hauteur de ses propres idées, elle décida de devenir elle-même ouvrière et

1. E, p. 71.

passa un an comme manœuvre en usine, chez Renault à Paris, entre autres. Elle rejoignit les anarchistes dans la guerre civile d'Espagne, mais fut bientôt évacuée comme invalide. Après un bref retour à l'enseignement, la guerre éclata et la força à fuir avec ses parents à Marseille où ils passèrent deux ans avant de pouvoir partir pour New York. Simone Weil s'arrangea alors pour repasser l'Atlantique et rejoindre la France libre à Londres. Son mode de vie extrêmement ascétique et la tuberculose ruinèrent bientôt sa santé. Elle mourut dans un sanatorium à Ashford, dans le Kent, pendant l'été 1943. Durant sa courte vie, elle ne cessa d'écrire. Ses œuvres complètes, actuellement en cours de publication, comprendront jusqu'à dix-huit gros volumes traitant longuement de politique et de spiritualité. Elle voyait le progrès technologique instaurer une société technocratique spécialisée qui menacerait la liberté individuelle à l'Est comme à l'Ouest. Après une série d'expériences mystiques au milieu des années trente, elle ajouta à ses écrits politiques des méditations sur le sens de la Passion du Christ, les relations du christianisme avec les religions orientales et la nature de Dieu. Pendant les derniers mois de sa vie, au service de la France libre à Londres, Simone Weil écrivit abondamment pour de Gaulle sur la forme que la politique devrait prendre en France après la guerre.

Ainsi, les présuppositions spirituelles explicites des écrits de Simone Weil après sa conversion ne signifiaient nullement qu'elle s'était désintéressée de la politique. C'est même le contraire qui est vrai et les six derniers mois de sa vie produisirent quelques-uns de ses écrits les plus incisifs sur la politique. Ces écrits ont des thèmes en commun avec ses travaux précédents, mais traitent plus explicitement des liens de la politique avec la religion. Aussi sont-ce ces écrits qui nous concernent ici au premier chef, et particulièrement celui, de la taille d'un livre, intitulé *L'Enracinement*. Ce fut l'œuvre la plus achevée de Simone Weil. Elle fut commandée par la France libre à Londres et destinée à fournir un arrière-plan philosophique et historique à la reconstruction de la société française, telle que la victoire des Alliés la rendrait possible. Ses propositions pour la reconstruction avaient pour centre le besoin de racines, en lequel elle voyait le besoin le plus pressant de la société française (et en fait de toute société) d'après-guerre, le déracinement étant la malédiction caractéristique des sociétés modernes. Que signifiait « être enraciné » ? Elle écrivait : « Un être humain a une racine par sa participation réelle, active et naturelle à l'existence d'une collectivité qui conserve vivants certains trésors du passé et certains pressentiments d'avenir[1]. »

De telles racines subissaient de plus en plus la corrosion de la puissance de l'argent et de l'influence du profit comme mobile, de même que d'une éducation dont les principes étaient techniques, compartimen-

1. *Ibid.*, p. 61.

tés et pragmatiques. Le manque de racines qui en résultait était d'autant plus dangereux qu'il se propageait de lui-même : c'était les déracinés qui tendaient à déraciner les autres. Rome et Israël en furent des exemples dans l'Antiquité comme, plus récemment, l'Allemagne de Hitler, et toute l'entreprise coloniale européenne.

Dans une société manquant de racines, il ne restait que deux liens pour attacher les individus les uns aux autres. Le premier était l'État-nation qui avait remplacé la famille de plus en plus réduite à sa plus simple expression, et les associations professionnelles ou les communautés locales comme foyers de la loyauté de leurs membres. Toujours suprêmement antinationaliste et anti-étatique, Simone Weil réservait son mépris le plus cinglant à l'État qui était « une chose froide qui ne peut pas être aimée ; mais il tue et abolit tout ce qui pourrait l'être ; ainsi on est forcé de l'aimer, parce qu'il n'y a que lui[1] ».

Alors qu'il était de bon ton, en 1940, de tenir des propos idolâtres sur la France éternelle, Simone Weil écrivait : « [...] aucun Français n'avait le moindre scrupule à voler ou escroquer l'État en matière de douanes, d'impôt, de subventions, ou en toute autre matière[2] ».

Le développement de l'État avait épuisé le pays sur lequel il s'engraissait, et la France était devenue un curieux phénomène : une démocratie dans laquelle

1. *Ibid.*, p. 148.
2. *Ibid.*, p. 155-156.

toutes les institutions publiques étaient haïes et méprisées par la population entière. Ainsi, la société contemporaine et l'État-nation, son produit typique, regardaient l'histoire comme un progrès inévitable et tendaient à glorifier la force – l'histoire étant écrite, bien sûr, par les puissants qui posaient comme progrès inéluctable leurs succès obtenus par la force. Dans une telle société, l'idée de justice, qu'elle définissait comme « le fait de se comporter exactement comme s'il y avait égalité quand on est le plus fort dans une relation inégale », était condamnée à se dégrader puisque « là où la force est absolument souveraine, la justice est absolument sans réalité ». Ses produits intellectuels typiquement indigents étaient le libéralisme économique classique, qui imaginait en vain que la justice pouvait résulter de la force de l'argent et du marché, et le marxisme, qui reléguait la justice à une sphère au-delà de la lutte des classes. À la base de tout cela, il y avait la position, à l'abri de toute contestation, accordée à la science moderne depuis la Renaissance, la science étant conçue comme une branche d'étude dont l'objet était placé au-delà du bien et du mal. Simone Weil n'était pas contre l'effort scientifique en tant que tel. Ce à quoi elle s'opposait était le faux prestige que donnait à la science l'illusion qu'elle pourrait jamais, par elle-même, livrer une quelconque signification ou vérité authentique de la vie. La vérité était un aspect du Bien absolu et ne pouvait être approchée que par une sorte d'attention amoureuse tout à fait différente d'un désir d'acquérir des connaissances.

Voilà pour le sombre diagnostic. Les trois remèdes proposés par Weil à ce qu'elle considérait comme la maladie terminale de la civilisation moderne étaient : une réévaluation du rôle du travail dans la société ; une reformulation des fondements du pouvoir politique ; et une restauration de la suprématie des valeurs spirituelles.

La découverte de la dignité du travail manuel était, de l'avis de Weil, le seul et unique progrès spirituel sur la civilisation de la Grèce antique, et la mission particulière dévolue à notre époque était la création d'une civilisation fondée sur la nature spirituelle du travail. Des indications qui vont dans ce sens se trouvaient déjà chez Rousseau, Sand, Tolstoï, Proudhon, Marx et les encycliques pontificales. Un projet à long terme pour réaliser cela comprendrait probablement l'abolition des grandes usines et des sociétés par actions et un transfert de la propriété industrielle à des coopératives. L'avènement de l'âge électronique et de l'automatisation offrait des possibilités de production coopérative décentralisée et de commande du processus de production par les travailleurs. À la campagne, le dépeuplement de la terre et l'attitude coloniale de la ville envers le monde rural ne pouvaient être guéris que par le transfert de la propriété de la terre exclusivement à ceux qui la travaillent, à titre privé ou coopératif. Simone Weil, comme ses héros Platon et Rousseau, donnait la première importance à l'éducation dont l'inspiration devait être cherchée, « comme la méthode elle-même, parmi les vérités éternellement inscrites dans la nature des choses ». Avec une réforme de l'éducation et, en fait, de toute l'idée contemporaine de culture, l'école et l'instruction supérieure devaient être étroitement intégrées au processus de production, les heures travaillées étant réduites en conséquence[1].

Dans ses propositions pour la fondation de la IVe République française, contenues dans ses articles écrits en même temps que *L'Enracinement*, Simone Weil défendit de nombreuses idées, dont certaines sont franchement bizarres. Un de ses objectifs de principe était de minimiser les pouvoirs de l'Assemblée législative et d'empêcher le retour des partis politiques dont « la mainmise totale sur la vie publique est ce qui nous a fait le plus grand mal[2] ». Ce qui lui importait, ce n'était pas tant les arrangements électoraux que la façon dont le pouvoir devait être limité, jugé et, au besoin, puni. Suivant la philosophie politique de son ancien professeur Alain, elle tenait qu'il était ridicule de supposer que le peuple entier puisse gouverner, mais qu'il pouvait néanmoins imposer des limites aux pouvoirs de ceux qui gouvernent. Son esquisse d'une

1. Cf. Fred Rosen, « Labor and Liberty : Simone Weil and the Human Condition », in *Theoria and Theory*, vol. 7, 1973, p. 33 *sq.*
2. EL, p. 89.

Constitution possible (dont elle admettait qu'il lui faudrait plus de deux générations pour se développer) contenait les suggestions suivantes : qu'un président à vie soit élu par ses pairs parmi les hauts magistrats ; que le président choisisse un Premier ministre pour cinq ans ; que le Premier ministre puisse être traduit en Haute Cour en cas de délit et, dans tous les cas, ait à répondre de ses actes devant un tribunal judiciaire, à la fin de son mandat ; que l'Assemblée législative soit élue tous les cinq ans et que, de même, tous les membres non réélus dussent passer devant un tribunal pour un examen de leur conduite ; que le judiciaire arbitre les conflits graves entre le législatif et l'exécutif ; que tous les vingt ans, il y ait un référendum national sur la qualité de la vie publique, précédé par une période de réflexion sérieuse exempte de toute espèce de propagande ou de campagne ; et que, si le résultat du référendum était de déclarer la vie publique insatisfaisante, le président soit révoqué et qu'une punition appropriée, éventuellement la peine de mort, lui soit infligée.

Dans un tel cadre, il devait être possible, pensait-elle, de réaliser une égalité authentique qui « consiste dans la reconnaissance publique, générale, effective, exprimée réellement par les institutions et les mœurs, que la même quantité de respect et d'égards est due à tout être humain, parce que le respect est dû à l'être humain comme tel et n'a pas de degré [1] ».

L'égalité débridée des chances avait pu rendre la

1. E, p. 26.

vie sociale fluide au point de la décomposer et, avec l'argent comme principal mobile de l'action, le poison de l'inégalité s'était introduit partout. Une société équilibrée imposerait des fardeaux et des risques proportionnés au pouvoir et au bien-être des individus : un employeur coupable d'un délit à l'égard d'un employé devrait avoir à en souffrir beaucoup plus qu'un employé coupable d'un délit envers un employeur. Également éloignée de l'opinion contemporaine était sa conception selon laquelle les publications destinées à influencer l'opinion publique au sujet de la conduite de la vie ne devraient pas être autorisées à nier les obligations éternelles envers les êtres humains, une fois que celles-ci auraient été solennellement reconnues par la loi. Toute la presse quotidienne et hebdomadaire, de même que les revues et la littérature, devraient être assujetties à cette contrainte. Sa raison de le penser était qu'elle considérait les tentatives d'influencer l'opinion comme des actes qui, comme tels, devraient être soumis à la loi comme n'importe quel type d'acte. Les gens avaient besoin de vérité, le plus sacré de tous les besoins. Ils étaient dans une très large mesure dans les mains de professionnels de l'écriture et de la diffusion. Si ceux-ci étaient convaincus de fausseté intentionnelle, ils devraient être punis. Ce que Simone Weil se souciait de sauvegarder, c'était la liberté de l'intellect, à laquelle elle sentait que les techniques modernes de propagande et de publicité étaient radicalement hostiles. À la base de toutes ces suggestions, il y avait sa répugnance à considérer les institutions politiques, si démocratiques soient-elles, comme les principales sources de la légitimité de la répartition du pouvoir, sa conscience du danger de toute activité collective et sa conviction persistante que la liberté et l'égalité authentiques ne pouvaient être fondées que par référence aux valeurs d'un autre monde.

Particulièrement frappante est sa critique de la doctrine des droits naturels. Dans ce qui est peut-être son essai le plus célèbre, *La Personne et le Sacré*, elle rejetait l'idée des droits comme fondement de l'organisation sociale – et ainsi remettait en question le courant principal de la pensée politique occidentale, de la fondation des États-Unis à la charte des Nations unies. Pour Simone Weil, toute théorie politique prenant les droits de l'homme comme fondements était erronée. La notion de droits était pour elle « liée à celle de partage, d'échange, de quantité. Elle a quelque chose de commercial. Elle évoque par elle-même le procès, la plaidoirie. Le droit ne se soutient que sur un ton de revendication ; et quand ce ton est adopté, c'est que la force n'est pas loin, derrière lui pour le confirmer, ou sans cela il est ridicule [1] ».

Le vrai fondement de la théorie politique était le concept d'obligation puisque « la notion d'obligations précède celle de droits, qui lui est subordonnée et relative ». Cela parce qu'une obligation ne perdrait rien de sa force si elle n'était pas reconnue, alors qu'un droit non reconnu n'est qu'un article sans

1. EL, p. 23.

valeur. D'emblée elle liait ce rejet des droits comme point de départ à l'idée de personne comme propriétaire de ces droits. Cette critique lui était pour une part suggérée par le personnalisme contemporain du groupe Esprit d'Emmanuel Mounier et la position centrale du concept de personne dans la pensée politique de Jacques Maritain. Bien que la séparation de la religion et de la politique, caractéristique d'Esprit, fût étrangère à Simone Weil, les significations du personnalisme étaient trop vagues et mouvantes pour constituer une cible appropriée pour elle. Car à la fois Mounier et Maritain offraient du mot « personne » un sens tout à fait différent de celui adopté par Simone Weil[1]. Pour elle, les aspirations faustiennes contemporaines à l'épanouissement de soi, l'affirmation insistante du droit à satisfaire ses propres désirs, le culte de la personnalité individuelle étaient autant d'erreurs : les grands accomplissements de l'humanité tels que l'*Iliade*, la géométrie grecque, le chant grégorien, l'architecture romane n'étaient pas le produit du désir personnel. La vérité et la beauté étaient essentiellement impersonnelles : en mathématiques, c'est la variété des erreurs qui reflète les personnalités individuelles, et non l'unique réponse correcte. Pour Simone Weil, la personne est tout ce qui dit *je*, alors que « tout l'effort des mystiques a été de devenir tels qu'il ne reste rien dans leur âme pour dire *je* ».

---

1. Cf. John Hellman, « The Opening to the Left in French Catholicism : the Role of the Personalists », *Journal of the History of Ideas*, mars 1971, p. 368 *sq.*

Prise dans ce sens, la personne est la partie de l'être humain qui nourrit l'orgueil, l'égoïsme et la notoriété. Simone Weil ajoutait aussitôt : « La partie de l'être qui dit *nous* est encore infiniment plus dangereuse. »

Les êtres humains ne peuvent pas se débarrasser de l'étroitesse de leurs personnes en les noyant dans une sorte de collectivité avec tous les dangers d'idolâtrie et de totalitarisme que cela implique. Il y a cependant un lien étroit entre les deux, en ceci que le culte de la personne mène au conditionnement social et à la subordination de l'individuel au collectif. Notons encore une fois comment la politique de Simone Weil se déduit presque de sa métaphysique : puisque Dieu, la Vérité, la Beauté et ainsi de suite sont impersonnels, il s'ensuit que l'être humain ne peut les atteindre ni par ce qu'il a de personnel ni par ce qui en est le corollaire politique actuel, le collectif.

Ce rejet du personnalisme forme la base de la remise en question par Simone Weil de la notion de droit comme fondement possible de la société politique. Elle ne voyait pas dans les droits beaucoup plus qu'un mécanisme de marchandage qui dépendait, pour sa validité, de ce que la personne qui revendique les droits ait la force de les rendre opératoires. Simone Weil ne voulait pas rejeter entièrement le concept de droits. Mais elle maintenait qu'il ne pouvait avoir d'effets que dans une société qui aurait réalisé une véritable égalité fondée sur l'obligation et le besoin. L'idée d'obligation étant plus fondamentale que celle de droit : « Les droits apparaissent toujours comme liés à certaines conditions. L'obligation seule peut être inconditionnée. Elle se place dans un domaine qui est au-dessus de toutes conditions, parce qu'il est au-dessus de ce monde [1]. »

De l'avis de Simone Weil, toute tentative de construction d'une culture sociale et politique sans référence aux valeurs éternelles ne pouvait manquer de conduire à la confusion, une confusion atténuée seulement par la tentative d'interprétation des droits eux-mêmes comme des principes absolus [2]. La faiblesse évidente de l'utilitarisme comme théorie suprême a récemment conduit à une renaissance du langage des droits, sous la plume d'auteurs aussi subtils que John Rawls ou Donald Dworkin. Mais, selon Simone Weil, le concept de droit est subordonné et ne supportera pas le fardeau que lui impose une grande partie de la pensée politique contemporaine. Le langage des droits était déjà modelé par ceux qui avaient le pouvoir. Il ne pouvait être que mal utilisé, et le fut. Il ne pouvait donc pas être complètement bon et devait être subordonné à un langage qui tenterait de communiquer les biens qui, étant surnaturels, étaient éternels. Comme elle dit, « ce n'est que ce qui vient du ciel qui peut laisser

1. E, p. 10.
2. Cf. Edward Andrew, « Simone Weil on the Injustice of Rights-Based Doctrines », in *The Review of Politics*, 1986.

une réelle empreinte sur la terre ». La politique est ainsi privée de son autonomie, en ce que la personne le cède à l'impersonnel et les droits à l'obligation, qui ont leur source en dehors de la politique.

Bien que parler ainsi de l'« autre monde » puisse paraître passablement éthéré, sa conception négative des droits fut formulée dans le contexte d'une tentative de formulation de propositions assez précises pour une Constitution d'après-guerre. Étant donné ses critiques de l'appauvrissement de la culture politique contemporaine, on ne sera pas surpris du fait que toutes les propositions de Simone Weil aient eu pour prémisse l'idée que toute rénovation satisfaisante de la société exigeait la restauration du rôle central de la religion comme compagne et complémentaire de la formation scientifique. Les doctrines stupides sur les miracles et la providence divine n'avaient fait que renforcer l'opposition entre la religion et une science presque entièrement laissée à elle-même. On ne pouvait résoudre le problème en reléguant la religion au rang d'affaire « privée » puisque cela ne ferait qu'atténuer la difficulté.

Ce que Weil voulait faire, c'était repenser tous les aspects de la société en termes de religion, au sens premier de production de sens reliant tous les aspects de la vie à un absolu. Mais cela ne voulait pas dire soumettre la société à une quelconque théocratie. L'influence corruptrice de Rome sur le christianisme avait déjà montré quelle sorte de fruits malsains donnait une telle approche. Le problème était de redécouvrir le sens du sacré, non comme quelque chose de séparé, mais comme atmosphère baignant la société entière pour l'éclairer et non la dominer. Une telle religion serait entièrement compatible avec la science, dont la vraie définition est « l'étude de la beauté du monde ». Fondamentalement la religion et la science ont un seul et même objet : l'unité de l'ordre établi de l'univers : « C'est une seule et même chose qui relativement à Dieu est sagesse éternelle, relativement à l'univers parfaite obéissance, relativement à notre amour beauté, relativement à notre intelligence équilibre de relations nécessaires, relativement à notre chair force brutale[1]. »

L'investigation scientifique n'est donc qu'une forme de contemplation religieuse et non l'excursion désordonnée et finalement dépourvue de sens qui domine la société contemporaine, laquelle souffre d'un gavage de moyens et d'une famine de fins.

Il est intéressant pour notre propos de comparer les propositions de Simone Weil dans *L'Enracinement* avec son « esquisse d'une société libre » dans *Oppression et liberté* écrit en 1934, avant les expériences de conversion. Dans son premier travail, la base idéale de la société était : « Une forme d'existence matérielle dans laquelle seuls les efforts dirigés par une intelligence claire auraient leur place, ce qui impliquerait que chaque travailleur devait contrôler lui-même, sans référence à aucune règle extérieure, non seulement l'adaptation de ses efforts au travail à fournir, mais

1. E, p. 371.

aussi leur coordination avec les efforts de tous les autres membres de la collectivité [1]. »

Son image centrale de la société moderne était la chaîne des ouvriers produisant comme des automates sous la surveillance constante d'un contremaître. L'image de sa collectivité libre est celle d'une poignée de travailleurs confrontés à un problème particulier, chacun réfléchissant aux solutions possibles et les suggérant aux autres, adoptant ensuite à l'unanimité la méthode conçue par l'un d'eux, que celui-ci ait ou n'ait pas d'autorité officielle sur les autres. L'idée de la volonté générale de Rousseau, réinterprétée dans un sens nettement intellectualiste et individualiste, est étendue à tous les aspects de la vie socio-économique.

Alors que, dans les années quarante, Simone Weil ne manifeste aucune diminution d'intérêt pour les questions sociales et politiques (son dernier essai était sur le marxisme), l'accent constamment mis sur le surnaturel donne à ses derniers écrits un ton différent. Dans *L'Enracinement*, elle suit *Oppression et liberté* dans son souci d'un ordre qui ne tombe pas dans le totalitarisme, elle est toujours opposée à tout pouvoir d'État centralisé, elle est toujours pour une forte liberté de choix avec aussi peu de lois que possible, et toujours utopiques, en ce sens qu'elle propose des mesures dont elle ne croit pas l'application

1. OL, p. 98.

immédiatement possible. Mais sa société ne repose plus sur la bonne volonté éclairée des individus, mais sur le contact avec le surnaturel et la grâce divine. Ces changements s'accompagnent d'un déplacement d'attitude à l'égard du collectif. Dans *Oppression et liberté* (et ses *Cahiers* ultérieurs), les collectivités en général avaient été l'objet de son implacable polémique. Au début de *L'Enracinement*, cependant, elle écrit : « On doit du respect à une collectivité, quelle qu'elle soit – patrie, famille, ou toute autre –, non pas pour elle-même, mais comme nourriture d'un certain nombre d'âmes humaines [...] » et que « le degré de respect qui est dû aux collectivités humaine est très élevé[1] ».

Ce qu'elle a d'abord en tête ici est la « patrie » d'une personne comme la matrice de l'identité d'une société et le gardien de ses traditions et valeurs au fil des générations. Elle se préoccupe ici d'esquisser une forme plus véritable de patriotisme, celui-ci devant être fondé sur le pays considéré comme une source d'enracinement – l'hostilité précédente aux collectivités est maintenant tournée par Simone Weil contre l'État. Ainsi, alors que les écrits d'avant-guerre avaient pour base une insatisfaction profonde à l'égard de toute espèce de politique, sa nouvelle perspective religieuse lui permet d'adopter un point de vue qui donne un sens et un espoir à l'activité politique.

Certains commentateurs – en particulier Conor Cruise O'Brien – ont considéré les écrits tardifs de

1. E, p. 15.

Simone Weil comme profondément antipolitiques. Il est vrai que dans certains de ses écrits les plus mystiques elle parle avec dénigrement des arrangements terrestres : « La cité nous donne le sentiment d'être chez nous. Nous devons prendre notre parti d'être chez soi dans l'exil. Nous devons être enracinés en l'absence d'un endroit. »

Cependant, dans *L'Enracinement*, les notes qui l'accompagnent et les propositions écrites pour la France libre, Simone Weil fait la preuve de son intérêt durable pour l'humain et le politique. Ceux qui l'accusent d'être antipolitique ont en tête telles de ses propositions comme l'interdiction des partis politiques : ils voient la politique comme essentiellement occupée de différends, de discussions, de querelles. En principe, cette accusation est déplacée : les propositions de Simone Weil n'ont pas pour but d'éliminer les différends, mais d'assurer que les différences d'opinion soient fondées sur une information exacte et une approche convenable de la politique en général. Simone Weil ne s'oppose pas à la formation d'associations politiques : c'est leur corruption dans la IIIe République et l'absence de tout véritable patriotisme qui a fait de l'idée de démocratie un objet de dérision. C'est le fonctionnalisme et le conformisme de la politique des partis, joints à l'influence corruptrice des mass media incontrôlés, qu'elle voyait comme intrinsèquement hostiles à la vérité et sapant les bases de toute formation d'une opinion véritable. Que, dans toute pratique immédiatement concevable, ses propositions puissent éviter de tomber dans l'autoritarisme est évidemment douteux.

Il y a donc un monde entre la pensée politique tardive de Weil et les idées qui inspiraient Vichy. Son approche était fermement fondée sur la métaphysique platonicienne. Sa conception de la supériorité des obligations sur les droits est fondée sur l'assertion que les droits sont toujours relatifs à des conditions particulières et donc inférieures aux obligations qui, puisqu'elles ont leur origine dans un royaume au-dessus du monde, sont indépendantes de et supérieures à toutes conditions. Son affirmation métaphysique est donc qu'« il y a une réalité en dehors du monde, c'est-à-dire en dehors de l'espace et du temps, en dehors de l'univers mental de l'homme, en dehors de toute sphère, quelle qu'elle soit, accessible aux facultés humaines. Correspondant à cette réalité, au centre du cœur humain, il y a l'aspiration à un bien absolu, aspiration qui est toujours là, et qui n'est satisfaite par aucun objet de ce monde[1] ».

De ce fait suit la conclusion qu'« il n'y a aucune garantie de démocratie, ou de protection de la personne contre la collectivité, sans une disposition de la vie publique la reliant au bien supérieur qui est impersonnel et sans relation avec aucune forme politique[2] ».

---

1. *Simone Weil : An Anthology*, éd. S. Miles, Londres, 1986, p. 221.
2. *Ibid.*, p. 97.

La position centrale que Simone Weil accorde au surnaturel n'est pas une échappatoire, mais une condition nécessaire d'une vie décente dans l'ici et le maintenant.

Il est important de se rendre compte que le récit détaillé fait par Simone Weil des effets désastreux de la séparation contemporaine du sacré et du profane, du public et du privé, ne signifie pas qu'elle voulait voir le retour d'une religion « officielle » ou l'établissement d'une Église. Elle tenait en égale suspicion l'Église et l'État. Le choix, le consentement et la liberté de conscience étaient essentiels à Simone Weil qui était, et resta toujours, une suprême individualiste. La préservation de cet individualisme dépendait absolument d'une approche correcte du spirituel : « Il n'y a que par l'entrée dans le transcendant, le surnaturel, le spirituel authentique que l'homme devient supérieur au social. Jusque-là, en fait et quoi qu'il fasse, le social est transcendant par rapport à l'homme[1]. »

Son « passage » était indiscutablement de la religion à la politique et non l'inverse. Et si la religion n'occupait pas la place qui lui revient de droit, alors la politique s'étendrait jusqu'à remplir ses fonctions avec, comme résultat, l'idolâtrie exhibée par les totalitarismes contemporains. Nous sommes ici très loin de Vichy. L'approche de Simone Weil est suffisamment iconoclaste pour offrir la base d'une critique de toutes les formes de politiques[2].

1. PG, p. 182.
2. Contribution traduite par Henri Leroy.

12

Le « secret du Roi »

Entretien avec Marie-Madeleine Davy

FRANÇOIS L'YVONNET : *Vous n'aimez pas que l'on fasse de Simone Weil une chrétienne, une convertie...*

MARIE-MADELEINE DAVY : L'essentiel consiste à respecter la vérité concernant la vie de Simone Weil et aussi sa mort. Rien de plus difficile actuellement en raison de tout ce qui a été surajouté, à son propos, par ses biographes et commentateurs. Peu avant sa mort, Simone Weil aurait été baptisée, au sanatorium d'Ashford, par une amie juive convertie au christianisme. Bien antérieurement, l'expérience d'une mystérieuse rencontre avec le Christ a été évoquée par Simone Weil. Celle-ci s'avère d'une extrême importance. Toutefois elle ne comporte pas une adhésion à l'Église. Simone Weil se réfère à l'Évangile, sans véritablement tenir compte de l'Ancienne Alliance qui la précède.

Considérez-vous un peu comme orpheline cette « grande platonicienne » qui croyait pouvoir faire l'économie de la part hébraïque du christianisme ?

À la rigueur, je peux comprendre cette thèse. Cependant, il m'apparaît impossible de ne pas être imbibé préalablement par l'Ancien Testament pour saisir le sens des Évangiles et des Épîtres. Tout se tient. Le Christ est juif. Les anecdotes qu'il présente et son langage s'inscrivent dans un contexte juif. Naturellement, les Écritures sacrées doivent être lues et méditées en se dégageant de la « lettre » pour savourer l'esprit dont la véritable profondeur n'est jamais atteinte.

Comment êtes-vous entrée en contact avec la pensée de Simone Weil ?

J'ai fait la connaissance de Simone Weil chez Marcel Moré[1], avec qui j'étais très liée. Nous nous

1. Marcel Moré fut une figure très remarquable parmi les « non-conformistes des années trente », pour reprendre une expression de l'historien Loubet Del Bayle. Tout à la fois ingénieur polytechnicien, financier de haut vol, spécialiste de Verdi et de Jules Verne, auteur d'articles savants sur Marx, la mystique chrétienne et le sacré, tenant même à l'occasion une manière de salon, quai de la Mégisserie à Paris, il devait fonder avec Louis Massignon et Jean Daniélou la revue *Dieu vivant*, où se retrouvèrent toutes sortes d'intellectuels : Maurice de Gandillac, Jules Montchanin, Vladimir Lossky, Gaston Fessard, Gabriel Marcel, Jean Hyppolite, Nicolas Berdiaev, Jean Wahl et même Louis Althusser. Les relations que Moré entretint avec Simone Weil – de leurs collaborations communes aux *Nouveaux Cahiers* jusqu'à la guerre – furent d'abord amicales et « assez intimes », avant de se distendre, à mesure que s'affirmaient de part et d'autre des positions religieuses de plus en plus divergentes. (N.d.É.)

rencontrions fréquemment et nous nous téléphonions de façon quotidienne. Marcel Moré était un homme doué d'une très grande personnalité ; il s'entourait surtout de garçons pourvus d'une originalité indéniable. Dans ce milieu, la ferveur de l'amitié se mélangeait à d'incessantes querelles. Autour d'idées, les bagarres alternaient avec des ouvertures permettant le respect des différences. Rien de politique. L'intérêt de Moré était entièrement monopolisé par les religions et aussi par les aspects culturels de l'époque. Il invitait différentes personnes à s'exprimer sous la forme de conférences ou de discussions. C'est ainsi que j'ai entendu Simone Weil parler de son expérience ouvrière. Elle donnait l'impression d'une femme engagée, éprise d'absolu, acceptant assez mal la contradiction. Sa génialité s'avérait indiscutable. Simone Weil ne s'exprimait pas en professeur, elle avait davantage l'accent d'une politicienne. Elle frappait par son ton direct et simple, son désir de convaincre. Elle avait choisi le « ramage » plutôt que le « plumage », pour reprendre l'expression pleine d'humour d'Alain. Sa générosité semblait exemplaire. En l'écoutant, on savait que sa vie coïncidait avec son dire. Son exigence à l'égard d'elle-même dépassait toute mesure. Et sa sincérité ne pouvait en aucune manière être suspectée. Ce soir-là, j'ai compris qu'il était impossible d'appliquer à Simone Weil la moindre étiquette. Cette femme passionnée était inclassable. Ensuite j'ai eu l'occasion de la rencontrer trois ou quatre fois à la Sorbonne et à la Chope parisienne rue des Écoles.

Qu'avaient en commun Marcel Moré, polytechnicien, agent de change et polygraphe (il a écrit aussi bien sur Verdi, Bloy, Marx ou Jules Verne) et Simone Weil ?

Ils ne se sont jamais vraiment entendus. Marcel Moré « carburait », si j'ose dire, aux oppositions, elles le nourrissaient, et, celle que l'on appelait la « vierge rouge » avait une véhémence qui l'intriguait. J'ai connu un garçon extrêmement sympathique, que j'ai perdu de vue depuis, dont le nom m'échappe d'ailleurs, qui avait connu Simone Weil, dans les Brigades internationales, pendant la guerre d'Espagne. Il l'aimait beaucoup, mais il l'aimait comme une compagne, une camarade, non comme une femme. Il m'avait dit cette chose qui m'avait alors assez frappée, que lorsqu'ils étaient en Espagne, il leur était arrivé de dormir plusieurs fois sur une plage, l'un à côté de l'autre, et que s'il s'était avisé de seulement porter la main sur son corps, elle l'aurait très certainement giflé, en le traitant de fou. La simplicité de son aspect vestimentaire a été soulignée par des religieux et des laïcs masculins. À l'époque de Simone Weil, les étudiantes éprises de savoir et de connaissance ne tenaient aucun compte de la mode, ou encore de ce qui pouvait avantager leur féminité. Elles ne cherchaient pas à conquérir un mâle. Avec les garçons, une camaraderie cordiale réglementait la majorité des contacts, sans bien entendu récuser l'intimité.

La famille de Simone Weil a joué un très grand rôle. J'ai eu l'occasion de rencontrer souvent ses parents après la guerre. Selma – sa mère omniprésente – avait un assez mauvais caractère et pouvait témoigner d'une grande véhémence. Elle portait sa fille au pinacle, l'admirant en tout, même si les questions religieuses semblaient lui être totalement indifférentes ; elle n'avait, par exemple, pas du tout suivi sa fille dans ses évolutions mystiques et religieuses. Le père de Simone, le docteur Bernard Weil, était d'une grande douceur, un homme parfaitement affable et calme, qui donnait l'impression d'une immense lassitude.

En y réfléchissant, je crois qu'il n'y avait pas la moindre trace d'orgueil chez Simone Weil. Au point de vue social, et cela est assez compréhensible, si l'on se replace dans l'époque, elle n'a sans doute pas su exactement saisir le problème des ouvriers. Quand elle donnait des leçons de sanscrit à une fille qui faisait avec elle les vendanges, il est évident que cela devait profondément ennuyer la fille en question. Mais, une fois de plus, on peut comprendre cette attitude. Je me souviens moi-même avoir fait travailler, un été, une fille de cultivateur à la campagne ; elle préparait son bac, et j'essayais de lui donner une certaine culture, cela me prenait beaucoup de temps. Alors que je me préparais à la quitter pour rentrer à Paris, je lui ai donné quelques livres. Elle me répondit qu'elle en avait déjà un ! Les expériences ouvrières de Simone Weil relevaient chez elle de l'idée de vouloir partager quelque chose qu'elle ne connaissait pas. Lorsqu'elle allait défendre les ouvriers, je ne suis pas sûre que cela leur plaisait, parce qu'à l'époque les intellectuels et les ouvriers ne manifestaient pas ensemble ou fort peu. Je me souviens être allée faire une conférence dans une ville où elle avait été professeur, et l'un de mes auditeurs, qui l'avait connue, m'avait dit quelque chose de ce genre.

Comment jugez-vous de son platonisme et de sa pensée mystique ?

Sa connaissance de Platon me semble incomparable, quant à son approche mystique, il convient de respecter sa singularité avec ses questionnements et ses affirmations. L'expérience de quelqu'un d'authentique peut se comprendre ou être récusée car on ne se tient pas à un niveau identique. Toutefois elle ne saurait devenir l'objet d'un discours. À l'égard des mystères, je me tiens à la position d'Eckhart pour qui le détachement est supérieur à l'amour. Seul le détachement permet d'aimer. L'amour pour l'Éternel ou pour autrui suppose préalablement le détachement de soi. Sinon tout est jeu, parodie, simulacre. La « décréation » retenue et vécue par Simone Weil représente une forme de ce détachement. Celui-ci ne peut se réaliser que suivant sa propre vocation. Il est impossible d'émettre un jugement de valeur sur autrui à propos de son orientation vers la dimension divine.

Un comportement très particulier peut nous sembler résulter d'un déséquilibre. Erreur, il correspond à l'affirmation d'un type de tempérament. Là encore, il convient de pouvoir tenir compte des différences. Nous ne pouvons pas entrer dans la singularité d'autrui. Chaque expérience possède son langage, sa couleur, son parfum. Rien n'est à comparer. Au sommet, tout se retrouve dans la profondeur des mystères. Mais le sommet est bien rarement atteint.

Je comprends, ô combien, que Simone Weil ait été du côté des pauvres et des petits. Elle était professeur de lycée, avait-elle besoin de faire autre chose ? Ses élèves, par exemple, avaient beaucoup de mal à être reçues aux examens, or n'étaient-elles pas en droit d'attendre d'abord de leur professeur d'être convenablement préparées au baccalauréat ? Simone avait des jugements péremptoires un peu sur tout, en particulier concernant les questions religieuses et sociales, mais, en tout état de cause et quels que soit ses qualités et défauts, l'essentiel est de ne pas en faire une femme d'Église.

Il importe, selon vous, de mettre sa pensée en perspective, en particulier de la rapporter à l'époque qui l'a vue naître et qui l'a rendue possible...

On vit toujours dans le temps de l'histoire, on croit s'en éloigner, mais on ne s'en sépare jamais vraiment. Jean-Louis Vieillard-Baron a parlé de la

« poussière d'éternité », peut-être... mais c'est si rare. Il y a des comportements qui ne s'expliquent qu'à une époque précise. Il est évident que la condition sociale des ouvriers était, en ces temps, effroyable et révoltante. Simone ne comprenait pas qu'un être né dans un milieu social donné, ouvrier par exemple, ait les réactions de son milieu ; elle prêtait à ce milieu ses réactions de femme intellectuelle appartenant à un milieu bourgeois. Car elle était d'un milieu très bourgeois, et cela a sûrement son importance pour comprendre quelques-uns de ses choix ultérieurs. Elle avait surtout un caractère difficile ; on ne savait jamais comment elle allait prendre ce que l'on allait dire.

Lorsqu'elle a fait cette conférence chez Marcel Moré, des questions lui ont été posées, elle s'en irritait facilement. Elle avait le souhait, le désir de convaincre, mais plus on la questionnait, plus on s'opposait à elle, plus on élevait des doutes, plus elle procédait par affirmations successives. Certains disaient d'elle, ce que je ne crois pas, qu'elle était orgueilleuse. Encore une fois, il n'y avait chez elle ni orgueil ni vanité, mais elle était très consciente de ses qualités ; il faut rappeler qu'à cette époque, peu de femmes jouaient un rôle intellectuel ou social de quelque importance.

Je me suis intéressée à elle parce que nous avions un point de rencontre, elle avait d'abord un sens du Christ, que je n'ai pas encore et que probablement je ne saurai pas acquérir, mais, surtout, elle avait horreur du *nous*, le « gros animal » dont parle Platon dans la *République*, moi aussi j'ai horreur du *nous*. J'ai fondé à la campagne, à Saint-Clémentin dans les Deux-Sèvres, il y a bien des années, une Maison Simone Weil, qui dura quelques étés. Je faisais venir des jeunes gens de toute l'Europe, des Ukrainiens, des Allemands, des Anglais, des Italiens, des Espagnols, des Hollandais, etc., provoquant des rencontres internationales au-delà des formes, avec toutes sortes de conférences. À la fin du séjour, les étudiants jouaient une pièce de théâtre, ensemble et en français. Cela a très bien marché, jusqu'au jour où je n'ai plus eu d'argent. N'étant pas une femme d'affaires, je ne rentrais évidemment pas dans mes dépenses...

Les livres que vous lui avez consacrés témoignent-ils de l'importance qu'a eue cette pensée sur la formation de votre univers intellectuel ?

Non, je n'ai pas été influencée par Simone Weil. Et cela en raison de ma farouche indépendance. Mais j'ai été profondément intéressée, voire bouleversée par sa vie et son œuvre, et je le suis encore. Cela va peut-être vous étonner, mais je pense tous les jours à Simone Weil, pas un soir sans que je ne l'évoque d'une quelconque manière. Elle ne m'a pas tant marquée par nos rencontres, que par ce qu'il y a chez elle d'igné, ce qui est extrêmement rare. J'aime profondément la solitude. De type insulaire, j'éprouve cependant la nécessité de jeter des ponts, d'évoquer le souvenir d'hommes et de femmes que j'ai pu rencontrer durant mon existence. Chaque soir, ils me sont nommément présents. Et cela depuis des années. Parmi eux se trouve Simone Weil. C'est une façon de remercier ceux qui, par leur écriture, leur parole – et surtout grâce à la lumière de leur regard –, témoignent de leur expérience de la dimension divine. C'est pour moi l'essentiel. Je ne la lis plus guère, mais de tous ses textes, celui que je préfère ce sont les *Écrits de Londres*, certainement pas *La Pesanteur et la Grâce*. Je comprends toujours assez mal certaines de ses amitiés...

Revenons à ce que vous avez appelé son « antisémitisme ». Le terme est-il vraiment approprié ?

Le terme « antisémitisme » est trop fort. Toutefois, le comportement de Simone Weil évoque cette expression. J'en ai parlé avec sa mère, qui m'avait dit que Simone avait une tante juive pratiquante, très à cheval sur les principes de sa religion, et que Simone en aurait conçu une sorte d'aversion pour tout ce qui touchait au judaïsme. Je crois, surtout, que Simone Weil acceptait mal sa judéité, comme elle acceptait mal d'être née bourgeoise. Elle était farouchement antibourgeoise, alors qu'elle vivait comme une bourgeoise, et plutôt antijuive, alors qu'elle était juive, de père et de mère. En fait, elle possédait la merveilleuse intelligence juive. Lorsque celle-ci est présente, elle dépasse les habituelles limites. Elle a mal compris, me semble-t-il – d'ailleurs, l'a-t-elle seulement lu –, le texte d'Origène disant que les anecdotes de la Bible sont des récits. Ils ne doivent pas être pris comme des faits historiques, mais comme des symboles. Elle ne voyait dans l'Ancien Testament que violence et extermination...

Il y avait chez elle quelque chose de vraiment extraordinaire, le sens de la présence divine, et cela me touche. Bernard de Clairvaux a dit à ses moines, à peu près en ces termes : « Un jour où j'étais dans ma cellule, les fenêtres étaient fermées, les portes closes, et pourtant Quelqu'un était là, que je ne voyais pas, que je ne pouvais toucher, ni même lui parler. » Bernard ne le dit pas, mais le contexte le prouve, quelque chose s'animait en lui. Il aurait voulu retenir cette présence, mais elle disparaissait, alors que les portes étaient closes, etc. Cette expérience-là, j'y crois profondément. Ce n'est pas le Dieu créé par les hommes ; la dimension divine se révèle. Selon certains mystiques rhénans, la Trinité appartient à la manifestation. Cette manifestation doit nécessairement être « traversée » pour aller plus loin. D'où les propos d'Eckhart distinguant et séparant Dieu de la Déité. Seuls les « amis des mystères » sont capables d'adhérer à cette essentielle distinction.

Un point biographique mériterait d'être éclairci, concernant l'influence qu'ont pu avoir sur Simone Weil des groupes de théosophes ou d'anthroposophes que fréquentait sa mère et chez lesquels elle avait entraîné sa fille, toute gamine. Je crois qu'il s'agissait de groupes assez marginaux. Cette proximité pourrait expliquer, pour une part, quelques-uns de ses goûts pour les pensées les plus exotiques. Bien qu'il me semble qu'elle ait toujours été beaucoup plus grecque et chrétienne qu'ouverte à la pensée de l'Inde ou de la Chine. Elle était avant tout « imbibée » de Platon, ce qui explique son antithomisme. Elle s'est, par là même, très heureusement protégée de tout contact avec le néothomisme dogmatique qui sévissait en France à l'époque.

Quelle place lui accordez-vous aujourd'hui ? Est-ce une pensée pour temps de détresse, pour de sombres temps ?

Simone Weil conserve ses amis et ses fidèles. En France, d'après les jeunes gens qui viennent me voir, je ne pense pas que les étudiants qui s'adonnent actuellement à la philosophie la connaissent. La pensée sociale et religieuse au temps de Simone Weil m'apparaît tout à fait différente de celle d'aujourd'hui. La générosité gratuite est en grande partie défunte. En disant cela, je pense à la guerre d'Espagne. Vous employez l'expression « temps de détresse », je la crois très juste. L'idolâtrie de l'argent provoque l'inauthenticité et l'avilissement. Mais, à toutes les époques, quelques hommes et quelques femmes témoignent en faveur du visage humain. À ce propos, j'évoque un texte de George Eliot : « [...] si les choses ne vont pas aussi mal pour vous et moi qu'il eût été possible, nous le devons à moitié à ceux qui vécurent fidèlement une vie cachée et reposent dans des tombes que l'on ne visite plus. » Certes, l'existence de Simone Weil ne fut pas « cachée ». Toutefois, l'expérience de la dimension divine appartient au « secret du Roi ».

Repères biographiques

1909 : Naissance à Paris, le 3 février. Elle a un frère, de trois ans son aîné, André, futur cofondateur du groupe de mathématiciens Bourbaki.
Petite enfance fragile.

1919 : Entre au lycée Fénelon.

1921 : Santé toujours très incertaine. Ne retourne au lycée qu'épisodiquement. Elle prend des leçons de piano avec Germaine Tailleferre.
Lecture des *Pensées* de Pascal.

1923 : Classe de première à Fénelon. Découvre Platon à travers le *Phédon* et le *Criton*.

1924 : S'inscrit en classe de philosophie au lycée Victor-Duruy, pour être l'élève de René Le Senne, philosophe spiritualiste disciple d'Octave Hamelin.

1925 : Entre dans la classe d'Alain, en khâgne, au lycée Henri-IV. Se lie d'amitié avec Simone Pétrement.

1926 : Influence décisive d'Alain, qui l'appelle « la Martienne ». Lecture assidue de Platon, Descartes, Spinoza et Kant.

1927 : Formation du Groupe d'éducation sociale : Simone, son frère et ses amis, y donneront des cours – destinés au peuple –, à l'école municipale de la rue Falguière, jusqu'en 1931.

1928 : Reçue à l'École normale supérieure de la rue d'Ulm ; parmi ses camarades de promotion : Jean Beaufret, Thierry Maulnier, Maurice Bardèche, Robert Brasillach, Claude Jamet...

1929 : Adhère, et fait adhérer ses parents, à la Ligue des droits de l'homme.
Donne des cours bénévoles à des cheminots.

1930 : Commence à souffrir de violents maux de tête.
Soutient son diplôme d'études supérieures : « Science et perception chez Descartes ».

1931 : Reçue à l'agrégation de philosophie. Nommée au lycée de jeunes filles du Puy-en-Velay.
Contacts avec les milieux syndicalistes révolutionnaires. Participation active à la vie du mouvement ouvrier de la Haute-Loire et de la Loire.

1932 : Séjour en Allemagne. Divers articles – en particulier dans *La Révolution prolétarienne* – sur la situation politique allemande à la veille de la prise du pouvoir par les nazis.
Nommée professeur au lycée d'Auxerre.

1933 : Vacances en Espagne. Elle prend contact avec des militants de la Fédération communiste ibérique, dissidents du Parti communiste espagnol. Article dans *La Révolution prolétarienne* sur l'échec de la révolution russe et sur la défaite du mouvement ouvrier allemand.

Collabore à *La Critique sociale*, revue du Cercle communiste démocratique dirigé par Boris Souvarine.
Rencontre et héberge à Paris Léon Trotski.

1934 : Traduit un texte de Machiavel sur le soulèvement des *ciompi*, ouvriers de la laine florentins.
Achève son « grand œuvre », son « testament », qu'elle ne publiera jamais : *Réflexions sur les causes de la liberté et de l'oppression sociale*.

1935 : Quitte Alsthom. Chômeuse, puis ouvrière spécialisée chez Renault.
Échange de lettres avec Alain, à propos des *Réflexions sur les causes de la liberté et de l'oppression sociale*.
Fin du travail en usine.
Vacances d'été en Espagne et au Portugal. Premier des « trois contacts » avec le catholicisme.
Nommée professeur de philosophie à Bourges.

1936 : Correspondance avec Victor Bernard sur la vie ouvrière en usine. Expérience du travail agricole dans le Cher.
Santé de plus en plus précaire.
Antigone, dans la revue *Entre-nous*.
Écrit *La Vie et la Grève des ouvriers métallos*, sous le pseudonyme de Simone Galois.
Lettre à Auguste Detœuf sur la signification des grèves ouvrières.
Assiste à une projection des *Temps modernes* de Charlie Chaplin.
Départ pour l'Espagne : engagement dans les rangs des anarcho-syndicalistes. Une blessure

accidentelle hâtera son rapatriement. Obtient un congé de maladie pour un an.
Textes divers, dont deux lettres : *Lettre ouverte à un syndiqué* et *Lettre aux Indochinois* (qui abordent la question coloniale en Extrême-Orient).

1937 : *Ne recommençons pas la guerre de Troie*, dans les *Nouveaux Cahiers*.
Voyage en Italie. À Assise : deuxième « contact » avec le catholicisme.
Compose un poème, *Prométhée*.
Écrit *La Condition ouvrière*, qui sera publié dans l'ouvrage éponyme.
Nommée au lycée de Saint-Quentin (Aisne).

1938 : Nouveau congé de maladie, reconduit, d'année en année, jusqu'à sa mort.
Semaine pascale à Solesmes. Troisième « contact » avec le catholicisme.
Lettre à Georges Bernanos, après la lecture des *Grands Cimetières sous la lune*.
Assiste au congrès du groupe Bourbaki, à Dieulefit (Drôme).
Première expérience mystique : est visitée par le Christ alors qu'elle récite le poème *Love* de George Herbert.

1939 : Rédige *Réflexion en vue d'un bilan*, qui signe son abandon du pacifisme.
Écrit *Quelques réflexions sur les origines de l'hitlérisme* et *L'* Iliade *ou le poème de la force*.

1940 : Lit la *Bhagavad-gîtâ*, dont l'esprit lui semble très proche de l'esprit chrétien.
André Weil est inculpé d'insoumission et incar-

céré à la prison du Havre : riche correspondance (en particulier sur les mathématiques) entre le frère et la sœur. Il s'embarquera bientôt pour les États-Unis.

Rédige un *Projet d'une formation d'infirmières de première ligne*, qu'elle remaniera plusieurs fois.

Paris est déclarée « ville ouverte ». La famille Weil s'installe à Marseille, via Nevers. Prend contact avec *Les Cahiers du Sud* de Jean Ballard.

Lettre au ministre de l'Instruction publique pour protester contre le « Statut des juifs ».

1941 : Étudie le sanscrit avec René Daumal, qui lui fait rencontrer Lanza del Vasto.

Fréquente la Société d'études philosophiques de Marseille animée par Gaston Berger. Écrit pour lui un *Essai sur la notion de lecture*.

Rencontre le père Perrin, dominicain, qui lui fait connaître Gustave Thibon, écrivain catholique, qui exploite une ferme en Ardèche. Exprime sa volonté d'y travailler comme ouvrière agricole. Lecture du *Tao Te King* et des *Upanishads*. Vif intérêt pour le folklore. Apprend et récite le *Pater* en grec.

Lettre à Xavier Vallat, commissaire aux questions juives, sur le « Statut des Juifs ».

Grande fécondité intellectuelle. Nombreux articles dans *Les Cahiers du Sud* (*Le Génie d'Oc et l'homme méditerranéen, L'Avenir de la science, Réflexion à propos de la théorie des quanta*...). Deux poèmes : *La Mer* et *Les Astres*.

1942 : Lettres au père Perrin (réunies dans *Attente de Dieu*).

Rencontre Joë Bousquet à Carcassonne.
Longues conversations avec Dom Clément Jacob à l'abbaye bénédictine d'En-Calcat (Tarn).
Retour à Marseille. Nombreux textes : *Réflexions sur le bon usage des études scolaires en vue de l'amour de Dieu* ; *Formes de l'amour implicite de Dieu* ; *Les Trois Fils de Noé... ; L'Amour de dieu et le malheur.*
Lettres d'adieu à Joë Bousquet et au père Perrin.
Départ pour l'Amérique, via Oran et une longue escale à Casablanca (rédaction des *Intuitions préchrétiennes*).
Écrit la plus grande partie des *Cahiers d'Amérique* (*La Connaissance surnaturelle*).
Trois lettres importantes : au père Couturier, *Lettre à un religieux* ; à son frère, lui recommandant ses parents ; et à Jean Wahl, pour lever toutes équivoques concernant son attitude à l'égard de Vichy.
Embarquement pour l'Angleterre. Affectée, à Londres, comme rédactrice au Commissariat à l'action sur la France.
Intense production intellectuelle (*Écrits de Londres* et *L'Enracinement*).

1943 : Entre à l'hôpital Middlesex (tuberculose diagnostiquée). Elle est transportée au sanatorium d'Ashford (Kent). Refus de se nourrir et de se soigner. Meurt le 24 août. Inhumation au New Cemetery d'Ashford, dans la section réservée aux catholiques.

Bibliographie sélective

Œuvres

Œuvres complètes, en cours de publication (17 volumes annoncés), Gallimard.
Œuvres, Gallimard, coll. « Quarto ».

Parmi les ouvrages disponibles séparément :

La Condition ouvrière, Gallimard, coll. « Folio/essais ».
Leçons de philosophie de Simone Weil, Plon.
Correspondance Simone Weil-Joë Bousquet, L'Âge d'homme, coll. « Le bruit du temps ».
Intuitions préchrétiennes, Fayard.
Attente de Dieu, Fayard.
La Pesanteur et la Grâce, Pocket, coll. « Agora ».
L'Enracinement, Gallimard, coll. « Folio/essais ».
Lettre à un religieux, Seuil, coll. « Livre de vie ».
Réflexions sur les causes de la liberté et de l'oppression sociale, Gallimard, coll. « Folio/essais ».
Écrits historiques et politiques, Gallimard, coll. « Espoir ».

Ouvrages généraux sur la vie et l'œuvre

E. Piccard, *Simone Weil*, essai biographique et critique, PUF, 1960.

F. Heidsieck, *Simone Weil* (avec choix de textes), Seghers, 1965.

M.-M. Davy, *Simone Weil, sa vie, son œuvre*, PUF, 1966.

S. Pétrement, *La Vie de Simone Weil*, 2 vol., Fayard, 1973.

G. Hourdin, *Simone Weil*, La Découverte, 1989.

H. Bouchardeau, *Simone Weil* (biographie), Julliard, 1995.

Études sur l'œuvre

J.-M. Perrin et G. Thibon, *Simone Weil telle que nous l'avons connue*, La Colombe, 1951.

M.-M. Davy, *Introduction au message de Simone Weil*,
Plon ; *Simone Weil*, Éditions universitaires, 1954-1956.

J. Cabaud, *L'Expérience vécue de Simone Weil*, PUF, 1957.

G. Kempfner, *La Philosophie mystique de Simone Weil*, La Colombe (rééd. Nataraj), 1960.

V.-H. Debidour, *Simone Weil ou la transparence*, Plon, 1963.

J.-M. Perrin, J. Daniélou, etc., *Réponses aux questions de Simone Weil*, Aubier, 1964.

M. Narcy, *Simone Weil, Malheur et beauté du monde*, Éd. du Centurion, 1967.

M. Vetö, *La Métaphysique religieuse de Simone Weil*, Vrin (rééd. L'Harmattan), 1971.

M. Schumann, *La mort née de leur propre vie, Gandhi, Péguy, Simone Weil*, Fayard, 1974.
P. Dujardin, *Simone Weil, Idéologie et politique*, Maspero-La Découverte, 1975.
G. Kahn (dir.), *Simone Weil, philosophe historienne et mystique*, Aubier-Montaigne, 1978.
P. Giniewski, *Simone Weil ou la haine de soi*, Berg International, 1978.
G. Fiori, *Simone Weil, une femme absolue*, Éd. du Félin, 1987.
B. Saint-Sernin, *L'Action politique selon Simone Weil*, Cerf, 1988.
J.-M. Muller, *Simone Weil, l'exigence de non-violence*, DDB, 1992.
S. Courtine-Denamy, *Trois femmes dans de sombres temps (E. Stein, H. Arendt, S. Weil)*, Albin Michel, 1997.
C. Jacquier *et al.*, *Simone Weil, l'expérience de la vie et le travail de la pensée*, Éd. Sulliver, 1998.
F. L'Yvonnet, *Simone Weil*, Portfolio, ADPF, 2000.
D. Canciani, *L'Intelligence et l'Amour (réflexion religieuse et expérience mystique chez Simone Weil)*, Beauchesne, 2000.
R. Chenavier, *Simone Weil, une philosophie du travail*, Cerf, 2001.
R. Chenavier, « Découvrir Simone Weil. La passion de la vérité », *Cahier de Meylan*, 1er trimestre 2001.
E. Gabellieri, *Simone Weil*, Ellipses, 2001.
J. Janiaud, *Simone Weil, l'attention et l'action*, PUF, 2002.
André Naud, *Les Dogmes et le Respect de l'intelligence (plaidoyer inspiré par Simone Weil)*, Fides, 2002.
E. Gabellieri, *Être et don : Simone Weil et la philosophie*, Louvain, Peeters, 2003.

Pour un suivi régulier des études weiliennes, les *Cahiers Simone Weil*, revue trimestrielle de l'Association pour l'étude de la pensée de Simone Weil (87, rue des Grandes-Platières, 74190 Passy-Marlioz).

Présentation des auteurs

FRANÇOIS ANGELIER est écrivain et producteur à France-Culture. Il a récemment publié *Claudel ou la conversion sauvage*, Salvator, 1998 ; *Paul Claudel*, Pygmalion, 2000 ; *Dictionnaire Jules Verne*, Pygmalion, 2006.

DOMINIQUE BOUREL est directeur de recherche au CNRS. Il a récemment publié *Moses Mendelssohn*, Gallimard, 2004 ; *Lettres choisies de Martin Buber : 1899-1965*, éditions du CNRS, 2004.

MONIQUE BROC-LAPEYRE a été maître de conférences à l'université Pierre Mendès-France de Grenoble. Elle a, en particulier, dirigé la publication des actes du colloque de Grenoble, « Simone Weil et les langues », *Recherches sur la philosophie et le langage*, Cahier n° 13, Vrin, 1991.

ROBERT CHENAVIER est professeur de philosophie et président de l'Association pour l'étude de la pensée de Simone Weil. Il a notamment publié *Simone Weil, une philosophie du travail*, Cerf, 2001, et édité en Folio/essais /Gallimard *La Condition ouvrière* de Simone Weil.

ANDRÉ COMTE-SPONVILLE est philosophe. Il a notamment publié *Traité du désespoir et de la béatitude*, PUF, 1984-1988 ; *Petit Traité des grandes vertus*, PUF, 1995 ; *Présentations de la philosophie*, Albin Michel, 2000 ; *L'Esprit de l'athéisme*, Albin Michel, 2006.

MARIE-MADELEINE DAVY (1903-1998) est l'auteur d'une œuvre considérable consacrée en particulier à la philosophie et à la théologie médiévales, et à la symbolique romane. Elle a écrit plusieurs ouvrages importants sur Simone Weil, dont *Introduction au message de Simone Weil*, Plon, 1954.

EMMANUEL GABELLIERI est doyen de la faculté de philosophie et de sciences humaines de l'université catholique de Lyon. Il est l'auteur de *Être et don, Simone Weil et la philosophie*, Peeters, Louvain, 2003 : *Simone Weil*, Ellipses, 2001.

ROLF KÜHN a été professeur à l'université de Vienne (Autriche). Traducteur et philosophe, il est un spécialiste de la phénoménologie française, particulièrement de Michel Henry. Il est l'auteur de nombreux articles sur Simone Weil, en allemand et en français.

PATRICIA LITTLE est professeur émérite au St. Patrick's University College de Dublin (Irlande). Auteur en particulier de *Simone Weil : Waiting on Truth*, Presses du Collège St. Patrick, 1988 ; *Simone Weil on Colonialism. An Ethic of the Other*, Rowman and Littlefield, 2003, et de *Simone Weil As We Knew Her*, Routledge, 2003.

FLORENCE DE LUSSY est conservateur général honoraire à la Bibliothèque nationale. Directrice scientifique de l'édition des *Œuvres complètes* de Simone Weil chez Gallimard et responsable du volume *Œuvres* de Simone Weil dans la collection « Quarto », Gallimard, 1999.

FRANÇOIS L'YVONNET est professeur de philosophie. Il a dirigé le *Cahier de l'Herne* consacré à Jean Baudrillard (L'Herne, 2005) et récemment publié aux éditions Albin Michel *Le Défi de la différence* (avec Candido Mendes), 2006. Chez d'autres éditeurs : *Simone Weil*, ADPF, 2000.

ADRIANO MARCHETTI est professeur de littérature française à l'université de Bologne (Italie). Traducteur de Rimbaud (*Illuminazioni*, 2006), il est l'auteur de plusieurs essais consacrés à Simone Weil, en particulier : *Simone Weil. La critica disvelante*, CLUEB, 1989 ; « Politeia e Sapienza » in *Questione con Simone Weil* (Pàtron, 1993).

DAVID MCLELLAN est professeur à l'université du Kent (Grande-Bretagne). Il est l'auteur de nombreuses études consacrées à Marx et au marxisme et d'une biographie de Simone Weil en anglais, *Simone Weil, Utopian pessimist*, MacMillan, 1989.

« *Espaces libres* »

au format de poche

DERNIERS TITRES PARUS

120. *Religions en dialogue*, de J. MOUTTAPA.
121. *Le Courage de se libérer*, de P. et P. FENNER.
122. *Histoire des dalaï-lamas*, de R. BARRAUX.
123. *Du Sahara aux Cévennes*, de P. RABHI.
124. *Aux sources du zen*, d'A. LOW.
125. *Le Curé de Nazareth*, d'H. PROLONGEAU.
126. *L'Évangile d'un libre-penseur*, de G. RINGLET.
127. *Le Courage de vivre pour mourir*, de N. MASSON-SEKINÉ.
128. *Quand la conscience s'éveille*, d'A. DE MELLO.
129. *Les Fables d'Ésope*, de J. LACARRIÈRE.
130. *L'Esprit des arts martiaux*, d'A. COGNARD.
131. *Sans les animaux le monde ne serait pas humain*, de K. L. MATIGNON.
132. *L'Arc et la Flèche*, d'A. DE SOUZENELLE.
133. *Adieu, Babylone*, de N. KATTAN. Préface de M. TOURNIER.
134. *Le Gardien du feu*, de P. RABHI.
135. *La Prière parallèle*, de C. PAYSAN.
136. *Dieu a changé d'adresse*, d'O. VALLET.
137. *La Danse de la réalité*, d'A. JODOROWSKY.
138. *Le Courage de changer sa vie*, d'A. DUCROCQ.
139. *Le Maître de nô*, d'A. GODEL.
140. *Les Fleurs de soleil*, de S. WIESENTHAL.
141. *Khalil Gibran*, de J.-P. DAHDAH.
142. *Ces ondes qui tuent, ces ondes qui soignent*, de J.-P. LENTIN.
143. *Les Dix Commandements intérieurs*, d'Y. AMAR.
144. *Guérir l'esprit*, collectif avec J.-Y. LELOUP, F. SKALI, Lama D. TEUNDROUP.
145. *La Quête du sens*, ouvrage collectif.
146. *La Foi ou la nostalgie de l'admirable*, de B. VERGELY.
147. *Traversée en solitaire*, de M.-M. DAVY.
148. *Éloge de la fragilité*, de G. RINGLET.
149. *L'Échelle des anges*, d'A. JODOROWSKY.
150. *Petite grammaire de l'érotisme divin*, d'O. VALLET.

151. *La Troisième Voie*, de D. E. HARDING.
152. *Le Rire du tigre*, de M. DE SMEDT.
153. *L'Effort et la Grâce*, d'Y. AMAR.
154. *Appel à l'amour*, d'A. DE MELLO.
155. *L'Homme intérieur et ses métamorphoses*, de M.-M. DAVY.
156. *Dictionnaire de la symbolique des rêves*, de G. ROMEY.
157. *Le Christianisme en accusation*, de R. RÉMOND et M. LEBOUCHER.
158. *Entre désir et renoncement*, M. de SOLEMNE avec J. KRISTEVA, R. MISRAHI, S. GERMAIN et D. RIMPOCHE.
159. *Sadhana, un chemin vers Dieu*, d'A. DE MELLO.
160. *L'amour comme un défi*, de S. ROUGIER.
161. *Du bon usage de la vie*, de B. BESRET.
162. *La Grâce de solitude*, M. de SOLEMNE avec C. BOBIN, J.-M. BESNIER, J.-Y. LELOUP et Th. MONOD.
163. *Le Meneur de lune*, de J. BOUSQUET.
164. *Vivre l'islam*, du Cheikh K. BENTOUNÈS.
165. *Méditation et psychothérapie*, ouvrage collectif.
166. *Les Échos du silence*, de S. GERMAIN.
167. *Aimer désespérément*, M. de SOLEMNE avec A. COMTE-SPONVILLE, É. KLEIN, J.-Y. LELOUP.
168. *Entre sagesse et passions ? Les conflits de la morale*, ouvrage collectif dir. par Alain HOUZIAUX.
169. *Écologie et spiritualité*, ouvrage collectif.
170. *L'Évangile des païens, une lecture laïque de l'évangile de Luc*, d'O. VALLET.
171. *Simone Weil, le grand passage*, sous la dir. de F. L'YVONNET.

Composition Nord Compo
Impression Bussière, octobre 2006
Editions Albin Michel
22, rue Huyghens, 75014 Paris
www.albin-michel.fr

ISBN 2-226-17297-1
ISSN 1147-3762
N° d'édition : 24667. – N° d'impression : 063674/1.
Dépôt légal : novembre 2006.
Imprimé en France.